建造属于自己的世界

Lens ×（日）安藤忠雄 著

中信出版集团 · 北京

这本书和一般的建筑书籍不太一样，非常特别，有趣。

——安藤忠雄

CONTENTS

NO.005

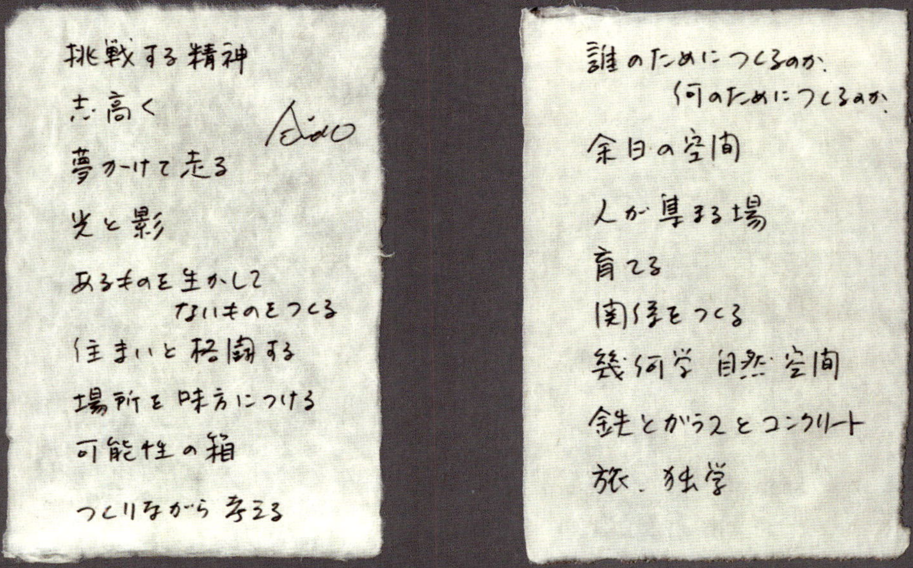

* 安藤忠雄为这本《建造属于自己的世界》书写了全部的小标题和说明文字。

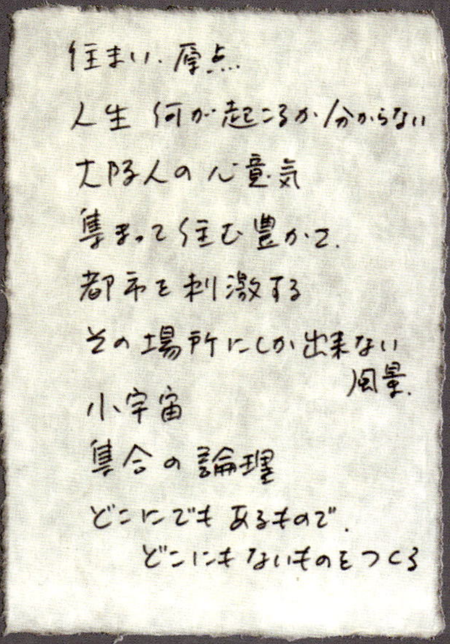

图书在版编目（CIF）数据

安藤忠雄 : 建造属于自己的世界 / Lens，（日）安
藤忠雄著. -- 北京 : 中信出版社，2018.1（2021.11 重印）
ISBN 978-7-5086-8298-3

I. ①安… II. ①L… ②安… III. ①安藤忠雄一访问
记 IV. ①K833.136.16

中国版本图书馆CIP数据核字（2017）第263001号

目客.5，安藤忠雄

策划编辑：蔡 欣
责任编辑：于 欣
营销编辑：王 雨 王雅伟
策划推广：中信出版社（China CITIC Press）
出版发行：中信出版集团股份有限公司
（北京市朝阳区惠新东街甲 4 号富盛大厦 2 座 邮编 100029）
承 印 者：上海盛通时代印刷有限公司

开 本：787mm×1092mm 1/16 印 张：24.5 字 数：100 千字
版 次：2018 年 1 月第 1 版 印 次：2021年11月第11次印刷
书 号：ISBN 978-7-5086-8298-3
定 价：138.00 元

建造属于自己的世界

主编 / 法满
编辑 / 娄军

撰稿 / 安藤忠雄
郑国兵
娄军

摄影 / 法满
毛翔宇
安藤忠雄
高濑良夫
大桥富夫
松冈满男
市川薰
小川重雄
白鸟美雄
平井广行
藤塚光政
西部佑介
浅川敏
闲野欣次
神宫巨树
埃德蒙 · 萨姆纳
罗杰 · 戴维斯
米歇尔 · 扎贝
蒂莫西 · 赫斯利
杰夫 · 戈德堡
桑蒂 · 卡莱卡
安德里亚 · 杰莫罗

机构图片 / 安藤忠雄建筑研究所
新建筑社
Nacasa & Partners
NGO RASP
Studio Bosco Sodi
SETOUCH RETREAT AONAGI
Museum SAN
Palazzo Grassi S.p.A, ORCH orsenigo - chemollo

设计部 / 贺红羽 李海超

封面设计 / 李海超

协力 / 安藤忠雄建筑研究所
森诗麻夫
梶原梦
古平知沙都

Lens 邮箱
editor@lensmagazine.com.cn
法律顾问 / 国浩律师（上海）事务所

序

安藤忠雄

挑戦する精神

1969年，我在大阪开了一家小事务所，开始了自己的设计工作。从那以后的50年间，我的工作一直和建筑相关。我接手的每一个项目都有着不同的条件和课题，由此，建筑设计的过程也有不同，但唯一不变的是，在我眼中它们都是一个个的“挑战”。

刚开始的十年里，总是接不到设计的工作，即使好不容易找到了，建筑用地又很狭窄，预算也非常紧张。在这种情况下，只能克服各种逆境，按照自己的想法去实现目标。在那些忘我工作的日子里，工作的规模慢慢扩大，内容的范围也逐渐扩展。但困难依然接踵而至。设计的自由度一旦增加，你的想法也会膨胀，最终也会超出现实条件的限制。

我们在建筑当中到底能做些什么？建筑的本质到底是什么？我认为，建筑就是人工与自然、个人与社会、现在与过去等诸多要素和人类社会多种现象之间的关系。从这个意义上说，人们在街道两旁种植树木的活动，对我来说也算是建筑的一部分。

如果已经融入某种风景和社会制度当中，再试图从这种和谐当中脱离出来的话，当然会引起摩擦和冲突。建筑的原点，就是住宅的问题、空间的光与影等美学问题，或者是都市空间、场所风土的问题。每次面临各种课题，我都是用建筑去应对它们，进行一番苦战恶斗。这些都是挑战。

这种奋斗会继续到什么时候？

这是我人生中永不停止的挑战！

对于自学走上建筑之路的我来说，将建筑设计作为职业而活着，这件事本身就是一种挑战。

为了能赶在时代的前方，每一天都在坚持向前奔跑着。无论在何处，都不能保证自己能赢。但正因如此，建筑设计才是一件有趣的事，正因如此，活着才是一件有趣的事！

面对我的人生，我正拼尽全力活着。

内心总是跟年轻时一样，一直在追逐自己的梦想。

*Lens*的读者们，你们是如何活自己的人生的？

在自己的人生中，你有直面挑战吗？

比如对那些在别人看来没有任何意义的事，你却拼命地朝着目标奋勇前进，这种态度宝贵且美丽。

我觉得，这种“挑战精神”，就是开创人类未来的动力！

“人要怀揣着想象力活下去”

安藤忠雄

CHURCH BUILDERS
TOKYO

“我浑身都是缺点。”安藤忠雄对 Lens 说。

这位日本建筑师特别将自己年轻时没有上大学的经历当作缺点之一。但他不后悔那个选择，“因为缺点总是会让自己强大起来，而长处和那些成功的经历会让自己软弱。”

就像他一直迷恋的拳击一样，击中对手有效部位之后，并不能有丝毫大意。要时刻牢记自己防守上的空档，找准机会再次出拳。

从人生路途的一开始，安藤忠雄就在努力寻找自己人生的出口，挫折不断。小时候在学校打架，被祖母训斥；后来从事拳击运动，中途不得不放弃；最后又自学建筑设计，在繁重的工作中去考资格证书……

成名后，他的设计作品很少被划入某个“主义”和“风格”里去，他在自己的作品当中倾注了对自然和社会的独特理解，很难用一个术语来框定。就像他强调最多的一句话：要做一个自由的人。

1941 年，还是“二战”处于白热之中时，安藤忠雄出生在大阪的一处普通民房内，那是一栋低矮的两层长屋。他和外祖母一起居住。鳞次栉比的长条形木头房子连接在一起，挡住了空气的流通和光线的照射。就是在这个狭小而拥挤的空间里，安藤忠雄度过了他的童年时光。

家附近有一家玻璃制品店和木匠铺，每天放学后，安藤忠雄都会去木匠那里，看他们是如何制作各种家具和工具的。14 岁时，他还和木匠朋友一起做了一个 23 平方米的小屋。从那时起，他就了解到：在外面的世界，或许能学到比学校里所教的知识更重要的东西。他宁愿闲逛，也不喜欢规规矩矩地坐在课桌前。

带有关西人豪放性格的安藤，有了一种要努力冲出现实环境，去外面看一看的冲动。

在双胞胎弟弟的影响下，安藤最先选择的是拳击台，他很快拿到了轻量级牌照。但在看到当时的世界冠军原田政彦“Fighting 原田”的训练之后，他放弃了以拳击谋生的想法。他觉得自己不可能达到像原田一样的程度。他认识到了自己的局限。

到了要上大学时，“因为没有钱，自己也不是绝顶聪明，最后也放弃了。”安藤对 Lens 这样回忆道，“我的一生充满了挫折，好在挫折是一件好事，让你去思考很多东西，除了怎样去成功。”

对于什么是成功，安藤和自己事务所的年轻人定义不同。安藤说自己能够感觉到他们心中的不安与躁动。刚刚从日本一流大学毕业的他们对安藤非常坦诚，说自己将来的目标是去大公司，一直工作到 60 岁退休。

“我问他们父母是什么态度，他们说父母也觉得这样最好。”安藤对此很无奈，甚至有些生气。“可能我的事务所对他们来讲是一个不自由的地方吧，”在他事务所的学徒面前，他这样调侃道，“其实人生下来就是不自由的。”

在安藤看来，去大公司工作就等于放弃了自由。“我跟他们同样年龄的时候，一次也没有要进大公司的想法，因为我这个人是很自由的，在那种大公司里，自由的人、不听话的人是会被讨厌的。”

安藤忠雄认为，这种可贵的“自由”，哪怕是一种“思考的自由”，在日本现代社会中都被禁锢住了，他认为现在的日本社会给年轻人灌输的就是要考虑“功能”“效率”“经济”的价值观。他想要做的，是一种抵抗式的“创新”，要“逆流而上”，不要总是顺着潮流而动。

他以勒·柯布西耶为偶像，不仅是为其建筑成就折服，更是“想成为像他那样自由的人”。

“自由”和“挑战”，是他坚持一生的主题，即使遭遇疾病，也不曾改变。

2009年，安藤忠雄体内的胆囊、胆管、十二指肠处发现有癌症，2014年，他的胰脏、脾脏全部被摘除。他不得不为此改变自己5分钟吃完午饭的习惯。

Lens：请谈一谈手术对你生活和工作的影响？

安藤忠雄：2014年7月10日11点动手术。医生说脾脏全部摘除，此前，像我这样能健康地活下来的人几乎没有。一直住院到当月的30日，从那之后，疼痛、劳累、腹泻这些一次都没有过。简直就像奇迹一样。

在日本，并没有那么多内脏的捐献行为，不可能从中国拉来一个不知道底细的内脏安到我的身体里（笑）。

手术前，我每天大概从早10点开始工作，有时从8点就开始。手术后，医生跟我讲，白天还是要休息一个小时。 中午1点到2点吃午饭，然后2点到3点休息。现在，这段时间我都是会读书的。生活习惯有改变并不是什么坏事情。以前想读的书，累积了好多，终于有时间读了。每天读一个半小时，然后工作到下午6点。每周运动一次，去一次东京，每月出国一趟，这些都没什么问题。

每个月我会看两部电影。上周，看了一部关于印度数学家的电影。之前还看了一部电影《萨利机长》。以前从来没有看过这么多电影。最近开始想起以前想看的那些拳击比赛，这周日好像要播出帕奎奥（曼尼·帕奎奥，菲律宾拳击手）的比赛。如果有重要的拳击比赛，即使日程非常紧张，我也会看，还是拳击比赛有意思，对吧？！（笑）另外，棒球我也喜欢看。

手术的时候，医生对我说，“你内脏都没有了哦”，这就让我思考，到底今后要吃什么呢？胆管、胆囊都没有了，怎么办，怎么消化吃下去的食物？只能靠走路，只能靠认真地咀嚼。以前，中午吃饭的时候也就花个5分钟时间，现在吃一顿饭，可能得花个40分钟。

Lens：身体状况有没有对建筑设计有一定的影响？

安藤忠雄：没什么变化，因为我还是很坚强的人。我以前的想法和现在的想法基本上都没什么改变。

Lens：你每天都会有固定的写作时间吗？

安藤忠雄：我每天花一点时间写写东西。比如给职员们写点东西问候一下，“山田君、小健，最近你们没什么进步啊，怎么都没有什么进展啊”“最近怎么都不好好学习”之类的。我会为他们考虑和担心，比如山田最近看起来怎么变老了。我会向他们的家里人问好。我30多岁的时候，也曾写信给我的父母，那个时候他们都62岁了吧。男人到了一定年龄就会思考很多事情。

Lens：你长期和三宅一生等艺术家进行合作，他们给你带来了什么？

安藤忠雄：我和三宅一生是50年的老交情了。我和三宅一生在一起对话时，很多时候都会思考到底什么是想象力。最近我们通电话的时候，还谈到这个事情。20世纪的艺术家当中，我觉得三宅一生是最优秀的。为什么呢？因为他的艺术有功能性。

我跟曾梵志、阿玛尼他们也都有对话……我们探讨未来是什么样的。在挑战未来这一点上，我们有着相同的心情。

我还和田中一光、三宅一生等人经常谈论如何生活下去——不是如何生活，而是如何活下去的问题。我觉得现在的日本简直处于一种“死亡的状态”里。人们做事唯一的标准就是要挣钱，我觉得这不是生活中我们要追求的东西。那到底什么是“活着”？我觉得，有自由，人才真正叫活着；活着，身体中就应该充满生命力。能挣到钱、有钱并不是人活着的证明。

过去的日本人非常贫穷，但人们的内心很“富裕”，现在经济上富裕，但内心非常“贫穷”。

19 世纪以前的日本，有能乐、有歌舞伎，有各种各样的传统文化，但这只是普通民众生活中的一种娱乐罢了。日本人在生活的各个角落，都将游乐、玩乐的精神进行得非常彻底。当时，农民会观看歌舞伎的表演，看一次的费用可能相当于他们一个月的生活费。一年到头积蓄不多，但还是非常重视生活中最美的事物。

日本人在 20 世纪五六十年代时没什么钱，但那时人的生活状态都是很好的。现在，有钱的人很多，但这个社会并没有什么生气，没什么生命力。我现在创办了自己的事务所，我的想法就是在自己的有生之年，持续工作下去，一直到死。等到自己不行的时候，我自然会放弃自己的工作。

Lens：*柯布西耶对你的建筑风格有很大影响，你有没有将他作为你的一个目标？*

安藤忠雄：柯布西耶是一位非常伟大的建筑设计师，我想成为像他那样自由的人。就像柯布西耶所思考的一样，人要活着，就要怀揣着想象力活下去，自由地活下去。我觉得我很难做到像柯布西耶那样的成就，但我想向全世界传播柯布西耶的思考方式、他的人生哲学。

在我看来，柯布西耶是一位时刻都准备着去奋斗的人，他的眼睛总是望着前方。（我也见过）毕加索，我觉得他总是在寻找着新世界。这一点，让我想起了到我的事务所来工作的 20 多岁的年轻人，他们的眼睛里总是闪烁着一种光亮，他们才 20 岁，刚上大二，但是到了大三，他们的眼神就都死了，因为他们开始想着要怎么进大公司。脑海里总是在思考这些东西，总是在向往着大公司。之前，他们的眼睛会发光，是因为他们有自由，他们的眼前充满希望。

Lens：*你说你在见到毕加索的时候，曾感受到一种野心。*

安藤忠雄：那种野心可能就是一种希望一样的存在吧。对生活有希望，才会有野心。柯布西耶活了 65 年，他的一生都是怀抱着希望生活的。希望并不是金钱，希望的含义非常深厚。

Lens：*你年轻时去欧洲旅行，现在也还在世界各地旅行，比较起来，心境有没有什么变化？*

安藤忠雄：首先感受到的，是我们生存的这个世界之大。当时，我先环游日本，然后去的欧洲，现在感觉世界真是大，所以自己的视野也得随着这个趋势去扩展。过去从来没有想到过亚洲的发展能这么快。不管是中国，还是印度。所以，我工作的场所可以说是一种战场，而且还在不断扩大。所以，现在年轻人成长的方向也越来越多。因为挑战都临近眼前，无论走到哪里，视野都会逐渐开阔起来。

我 20 岁的时候，到了欧洲、美国，包括在日本，都是用双脚去旅行，那个时候就觉得学习是一件非常好的事情。所以，在我的事务所里，无论什么事，他们都会自己去灵活处理，没有别人的帮助，自我就会在这个过程当中成长。我的事务所有 30 多人，每个人都是能力非常强的。我不会给每个人都安排工作。这个和拳击是一样的。在拳击台上，只能一个人单打独斗，没有人会帮助你。如果需要别人帮助，比赛也就结束了。工作也是一样，谁也不会帮助你，我的要求都是自己考虑自己的问题，来推进工作。

在日本文化当中，有这么一种惯性：总是要依靠着身边的什么人。接下来，比如在中国、越南，那里的年轻人能力越来越强，就会赶超我们。互相帮助可以克服困难，但是，不能因为经济发达了，就放弃努力。说不定经济发达了，生活变好了，日本反而会变弱。

Lens：*你之前提到过"记忆的肉体化"，请具体解释一下？*

安藤忠雄：我 20 多岁的时候，曾去参观丹下健三设计的体育馆，当时就觉得，建筑真的会给人一种日常从未有过的体验。在这个广阔的世界当中，建筑会在你的心中扎下根来。我去了广岛，去看了原子弹爆炸现场，看了残存的建筑物，还有丹下健三设计的广岛和平纪念公园，那个时候，战争就在我的心中扎下了根。我当时就想，战争再也不能来第二次，也是在那时，我立志要做一个建筑设计师。

现在，你设计的东西、你服务的人群，正生活在数字时代当中。在我看来，人心是很难居住在这个数字时代的，而我想建造的场所，是那种能让人心居住、扎根的地方。这是我一直在思考的事情。

Lens：*这就是"记忆肉体化"的意义所在吧？*

安藤忠雄：是的，作为人，就应该站在自己的记忆之上，去想象，去思考。

人生 何が起こるか分からない

人生路上会发生什么，谁也不知道／在对自己的身心健康有足够的注意下，我坚持工作到现在。

但是，2009年，在十二指肠中发现肿瘤，最后做了一个长达9小时的大手术。5年后的2014年，在胰腺上再度发现恶性肿瘤，最终将其和脾脏一起摘除。

然而，现在的我和往常一样，在工作室进进出出，继续着自己的工作。医生对我的恢复状况表示惊讶，没有这些脏器，生存本身可能都是一个问题。

人这种生物有时也是很坚强的，一场大病之后，如何活下去就看自己的选择了。人生路上会发生什么，谁也不知道。但是，我要按自己的方式继续走下去。

这个版面原本放的是安藤忠雄在向 Lens 介绍自己手术情况时拿出的内脏简图，他用圆珠笔将自己被切除的部位圈了出来。手术的后果之一是他的体重轻了一些，自从年轻时练习拳击之后，他就一直把它控制在 63 公斤。他曾经说，如果不能维持这个体重，他就不是他自己了。

安藤对是否刊登这张照片犹豫了很久，在本书即将出版前，他建议 Lens 撤下它，他说："我这个人从本能上就不想把自己身体上的病痛和软弱展示给他人，不想让人们看到我的虚弱。"因此，我们撤下照片，并替换上安藤坐在自己设计的椅子上会客的照片。

大阪人の心意気

大阪人的气魄／我1941年出生在日本的大阪，有一个双胞胎弟弟。因为家里的原因，外祖母一个人将我抚养长大。

过去，因为民众的努力，大阪曾经是能和东京对抗的商业城市。

在那个旧时的美好时代里，身为大阪女性的外祖母教导我要在合理精神和自立的基础上，养成一种“大阪人的气魄”。

这种作为大阪人的“Pride”（骄傲），就是我作为一个人的核心支柱。

对安藤忠雄来说，大阪是一个富有自由气息的城市。他回忆小时候经常自由出入家旁边的各种工厂、作坊，那时便熟悉了匠人们的生活。

大阪人喜幽默，擅交际，急躁，热情，不拘泥传统，重人情味，“泪与笑”总是能无缝共存。同样出身关西的设计师森田恭通说：“在大阪，如果一个男人不是足够有趣，是不会有女孩子喜欢的。”这些性情在安藤身上都能略窥一二。

安藤说他年轻时从来没有担心过未来，“我想做的事就一定会做到。要活着，没必要整天担心这担心那。”

“没上过大学，没受过建筑的专门训练，感觉自己是处于一种非常不利的状态，但这也不是坏事，因为为了弥补不足，我一直都在不断学习。如果心中有上大学的愿望，大部分人都能上得了。如果没有上大学的愿望，明明是自己不努力，但老说自己没有遇到机会，在那里唠唠叨叨，在我看来，这样的人就是废人。”

1943 年，两岁的安藤忠雄（左）与双胞胎弟弟北山孝雄的留影。这一年，兄弟俩就分离了：安藤被过继到外祖母这边，弟弟则继承了父亲的姓“北山”。

北山孝雄后来在东京开设了北山创造研究所，经营环境和建筑开发规划、企业经营顾问、设计等业务，在石原邸、表参道之丘等项目中与哥哥有合作。

中学时，弟弟成了拳击手，受他影响，安藤才练起了拳击，这对安藤后来的性格和视野影响都很大。

旅、独学

旅行、自学／我没有选择去大学学建筑，我的老师是现实的世界，和这些“老师”相遇，就是我所在的学校。

在完成日本全国之旅后，我开始了自己的世界放浪之旅，那是1965年，日本人开始自由海外出行的第二年。在这段旅程中，我和现代主义建筑大师勒·柯布西耶的作品集相遇。

因为不是科班出身，安藤忠雄的身边一度缺少可以交流建筑的人。“我得到的信息是非常有限的。由于这样的学习环境，我养成了只要我感兴趣的东西就要学好的个性。”他对 Lens 说。

狂热的自学构成了他的特质。旅行是这其中最重要的部分。

24 岁那年，他想亲眼看一下偶像柯布西耶的建筑作品，也想给自己更多的挑战，攒了些钱，踏上了环游世界的旅途。他称之为“征程”：“边走边思考，一次次地同自己对话。”

他多次提到年轻人要有更宽广的视野，这正是探索和塑造自己的时期，此后的人生能否按照自己的意志走下去，往往取决于这个时期。那些年，他把工作赚的钱全部都花在了旅行上，这样，即使存折里一分钱都不剩，他也会感觉心里至少留下了一点什么。

他想到自己花几个月走的路线，是丰臣秀吉时代的天正遣欧团花了 8 年才走完的（差不多是反方向），对他们的勇气和信念佩服不已。而且，他想象着遣欧团中几位十二三岁的少年，在感受力最强的人生阶段，突然被放置到西方文化的世界里，从眼睛到内心，会经历怎样的激荡。

至少，他看着自己渴慕的西方城市，在他的内心里，会不断审视着日本传统。有一些变化，他过了很多年才意识到。

比如在 50 岁那年所写的一篇文章中，他提到自己的早期作品，从图纸上看都是对称的，“就像水中倒影”，但随着时间的推移，这种对称逐渐淡化了，他觉得这是受到了传统日本建筑的影响。在旅欧之前，他也花了很多时间去京都、奈良等地参观古建筑。“我背离了日本传统，却把它深藏在我的潜意识里。”看过大量的西方建筑后，反而使他重新发现了日本。

这是旅行给他埋下的种子。但旅行更直接的影响，是 20 世纪 60 年代自由而混沌的气味。他在东京目睹了学生运动，在巴黎遇到了“五月风暴”，他看到了毕加索充满野性的眼神……他的批判和创造意识获得了鼓励，所以，后面几十年，建筑界的潮流层出不穷，他都很少卷入其中。他有了自己的节奏。

1960 年，安藤忠雄从旧书店里买来这本建筑师勒·柯布西耶的建筑图册。此后的人生里，他反复重读这本书。对喜欢的作品，他会一遍遍地研究，重新为它们制图，琢磨它们的空间关系。当然，还要实地去体验。

比如，他曾经很多次去看柯布西耶的朗香教堂，因为第一次是逃出来的，只感受到光线的混乱、强烈、充满暴力。隔天再去，还是没办法待超过一小时，但他仍不放弃，接着再去看，直到感受到晚年的柯布西耶想要用这部作品打破理性、把自己完全否定掉的心情。

"柯布西耶是靠不断地摧毁又重建自己的建筑思想来获得进步的。"安藤说，这是他从柯布西耶身上学到的最根本的东西。所以，他拒绝无条件地迎合社会需求，而是要追寻真正的问题，试图读懂其本质。

他还买过一本柯布西耶"东方之旅"的旅行日记，尤其喜欢里面反映心情的素描画，觉得那是柯布西耶建筑设计的原点。他在旅行中，也让自己的身心去和建筑充分对撞，而不只是咀嚼那些书面的知识。

在意大利评论家安东尼奥·埃斯帕斯托看来，安藤很早就形成了自己对建筑的两大偏好，并且是看上去彼此对立的偏好：一是为日本的传统建筑倾倒，二是追慕以柯布西耶为代表的西方现代建筑。埃斯帕斯托认为，安藤消化了这些西方的思潮，并让它们在日本文明的轨道中运行，就像日本文化一贯所体现出的那种吸收能力一样。它是人类历史上少有的没有被朝代更替剧烈破坏的文明。

"在（日本）这里，现代化的过程被理解为对传统更新的过程，对现有环境逐步革新的过程，就好像在一株植物上嫁接出新苗一样。"埃斯帕斯托说。这大概也能够解释安藤后来对老建筑改造的热情。

安藤忠雄摄影／ 1965 年，意大利罗马万神庙天顶，一簇光从天空斜射在穹顶内侧。

那也正是安藤忠雄建筑素养形成的阶段。“现在，每当遇到有趣的思想或者建筑时，就会想‘如果现在我才 20 多岁该多好啊’！我认为年轻时候的体验对一个人的一生有着非常重要的意义。”

安藤忠雄摄影／ 1965 年，希腊雅典帕特农神庙。

安藤说，他在决心成为建筑师后，无论如何都想要亲身去体验的建筑就是帕特农神庙，因为它实现了“建筑即是成就一个完整的世界”。他后来还在书中写道：“理性的几何学当中所能表达出的最纯粹的形貌，便是帕特农神庙。”

“当一个人孤独的时候，最能看清自己，并且最适合思索问题。

当我在陌生的地方彷徨的时候，经常能感受到期待感，也有接连不断的紧张和不安。经常迷惑于完全不同的价值观当中，不知奔向何方……我不得不去寻找解决方法……我无时无刻不在问自己很多问题……

旅行并不是那种单一的身体移动，而是为了自立去自我发现的过程。”

安藤忠雄摄影 / 一座神像横卧在水池边，一名女子正在献花。

安藤忠雄摄影 / 印度瓦拉纳西恒河边，几名男子在恒河里沐浴。

安藤忠雄曾多次造访印度。第一次是连身上的手表、钢笔都变卖了才得以成行。在这里他不仅多次造访宗教寺庙建筑物，还会去细细观察当地人的生活方式。在“圣地”瓦拉纳西，他曾说自己在当地人的生活中体会到了生与死的交错。“在恒河中沐浴的人们身旁，火化的遗骸就这样顺水飘过。这让我领悟到，自己的存在是多么地渺小。”他在书中写道，“在这里，‘死’就存在于日常生活当中，‘死’就在眼前，因为死亡的存在，才显示出生的光辉。”

正是在瓦拉纳西，他确定自己要“以职业为武器，去抗争，去争取自由”。

1977 年，安藤忠雄在埃洛拉石窟参观时，拍下了这张照片。他曾经多次对印度的古代宗教建筑进行过考察。

这座石窟约建于公元前 2 世纪至公元 7 世纪期间。石窟始建时，正值印度阿育王时代。石窟内的壁画及雕塑被视为经典，1983 年被列入联合国教科文组织世界文化遗产名录。

像埃洛拉石窟这样的古迹，其中的宗教塑像多呈现出一种天人合一的气息，并没有那种传统宗教抑制人类情感的元素。安藤忠雄的光之教堂、水之教堂也是如此，更重视一种温柔且流动的意境，试图让宗教信徒从中获得解脱和慰藉。

安藤忠雄从印度的很多历史建筑中都获得过灵感。比如在泰姬陵，他发现它们都呈现出一种东方式的“成双成对”的象征。他后来的建筑中，也经常呈现出这种特征。比如住吉的长屋，以中庭为中线对称。他还开玩笑说，也许是因为自己是双胞胎的缘故吧。

安藤忠雄坐船穿过印度洋前往印度孟买，尚未到达，船上已经有人开始在甲板上冥思打坐。安藤在途中遇到了来自各个国家的人。“白、黑、黄各种肤色的人们超越了政治、宗教、意识形态的藩篱而聚集在一辆车内，往目的地浩浩荡荡地前进。”

1968年，安藤忠雄第二次前往印度。当时，披头士乐队也造访了那里。安藤被他们的歌声感动了。

“对我来说，他们的音乐虽然像是某种噪音……但他们改变了过去的风俗，甚至成为一种分裂旧社会的力量。”安藤回忆说。他当时也像他们一样，剪了个蘑菇头，穿牛仔裤，在脖子上戴上那种标识牌。“也许是因为披头士，才在无意识中将我再度引向印度的旅途。”

1986年，安藤忠雄在印度巴士上拍到的街道景象。人流和车流熙熙攘攘，让安藤忠雄感受到一种强烈的生命力。“人们大声呼喊着，生命神圣而充满光辉。”但是没过多久，他因为难以忍受沙尘和酷暑，在瓦拉纳西待了两三天后，就乘船“逃回孟买”。

整版摄影 / 安藤忠雄

印度之旅

1. 孟买
2. 瓦拉纳西
3. 德里
4. 艾哈迈达巴德
5. 乌代布尔
6. 焦特布尔
7. 海得拉巴
8. 昌迪加尔
9. 阿格拉
10. 加德满都
11. 加尔各答
12. 金奈（旧称马德拉斯）
13. 奥兰加巴德

虚线为安藤忠雄首次印度之旅所走的路线，最后去往斯里兰卡首都科伦坡。

夕阳西下，恒河流经瓦拉纳西。从孟买到瓦拉纳西，安藤忠雄坐火车用了三天时间。有时他不得不站在火车顶上。“可能你会觉得很危险，其实火车时速才30千米，走得很慢，比起拥挤的车厢，车顶上还是比较舒适。”

第一次印度之旅给安藤留下了很深刻的印象，刚从船上下来，乞丐就围拢了他。刚到印度的他始终在思考：“是不是物质上的贫穷会导致精神上的‘贫困’呢？”但是在从孟买前往瓦拉纳西等地的旅行中，他改变了自己的想法。

“为自己的存在做出一个证明”

“光”是安藤建筑作品中的视觉标志之一。从住吉的长屋中庭倾泻下来的光，到光之教堂十字架开口中射入的“超越般”的力量，几十年过去了，安藤忠雄依然喜欢在自己的签名中，反复描绘那种光芒。

“有人说，从功能、逻辑、经济的角度去设计一个建筑就可以了，但是我觉得一个建筑物必须要超越这些因素，为自己的存在做出一个证明……我的建筑物就是我的存在证明。”安藤忠雄对 Lens 说。

这是他给自己定下的终极目标。他对工作中的挑战认识得很清醒：“挑战这种东西，不是搏斗，也不是战斗，而是因为没有学习、因为不足才有了挑战。”言语中不乏日本人特有的那种内省意味。

Lens：*你是不是原本对年轻人的期待非常高，在现实当中又遇到了不一样的情况？*

安藤忠雄：年轻人在社会中的角色，应该是最活跃、最积极地去锻炼的人群。建筑设计行业的人，包括我事务所的人，必须用建筑师的方式去思考。但建筑也有业主，如果不在社会中用更广的视野去观察的话，也是不行的。事务所里的人每天就专心在建筑设计上面，我觉得这样不行，每天都叮嘱他们：要改变。他们都说，光是建筑设计的东西，都让人难以承受了。但我还是那句话，必须要到社会中去经历，去锻炼。在这个行业里光凭一己之力是不行的，光是在日本、在中国做也不行。

如果有人想到我的事务所来工作，肯定是因为事务所的魅力。你们来大阪，肯定是因为大阪的魅力。所以，我的标准就是：你能不能设计出有魅力的建筑？

我在直岛有建筑设计项目，这些建筑并不是我一个人的作品，而是倍乐生公司的想法。他们认为，在岛屿上建的美术馆，将是一个全世界都前所未有的建筑。意思是，全世界的建筑师都认为这是一个很难实现的想法。这家公司想做的就是难度高的事情。我就抓住了这个机会，还和很多知名的艺术家进行了合作。

我也被客户的热情所感动，虽然直岛非常偏远，但因为建筑非常成功，很多人前来造访。不管有多远，不管有多艰难，只要是有魅力的地方，人都会来的。直岛取得了成功，我觉得它是创造力、勇气、耐心、热情的结晶。

在早期的工作室里，年轻的安藤忠雄和他的小狗柯布。

我现在讲的是直岛，但我刚开始从事这个行业时，接到的是私人住宅的设计。当时，我的想法就是在“小宇宙中创造出大世界”，对方表示理解，到现在，那个房子（指住吉的长屋）建成已经 40 多年了，业主还是原模原样地住在里面。对他来说，这就是一栋优秀的房子。在其他人看来，这个房子怎么能住人呢？

这也让我们思考：我们是给房屋的主人造房子，房子是主人“家庭的一员”，房子是主人自己的“美术馆”。这个道理到了世界上任何地方都是一样的。所以，我的想法就是要建造“属于自己的世界”那般的建筑。

Lens：*你讲到别人说你的房子住起来感受不好，在你看来，为了住上好的房子，人是不是要放弃一些什么东西？*

安藤忠雄：我觉得如果要克服这种感受，就得在其中倾注自身的力量。比如冷的话，加一片暖气，这些问题都要自己去解决。人就是因为住不同类型的房子，才会千差万别。

Lens：*有的建筑设计师会有一种无力感，觉得自己做了很棒的建筑，但在周遭很差的规划中，被淹没了。*

安藤忠雄：建筑这种东西，本来就处在舆论的风暴中心，从一开始就很难根据自己原先的设定去实施。因为，我想设计的建筑是一个要让人感动、要给人们留下存在证明的场所。

Lens：*如果让你重新设计一座城市，你会制定哪些规则？*

安藤忠雄：从零开始去建造是不可能的。建筑这个东西需要一个实在的想法，如果在一张空白的图纸上去空想，没有客户的存在，最终是成不了建筑的。建筑是客户、设计方、使用者、施工者共鸣的成果。光靠其中的一方是设计不了建筑的。

要兼顾这其中的平衡，需要思考如何设计的“哲学”。如果不考虑你为什么去设计这栋建筑，建筑就会输给“过去”和“合理性”。比如北海道头大佛，看起来在经济及合理性上一点优势也没有，但是我们想去建造，想去观赏，想去体验，这种因素就要和建筑中的各方进行商讨和对话。

Lens：*在你的建筑当中，还有一个主题是清水混凝土，它成了你的一张名片。在你看来，混凝土在你的设计美学当中具有什么样的意义？*

安藤忠雄：20 世纪建筑的两大要素就是钢铁和混凝土。19 世纪的时候有人就提出了钢铁混凝土的想法，到了 20 世纪，它们才登上历史舞台。我的初衷就是要用谁都能得到的建筑材料去设计建筑，一直持续到现在。我觉得混凝土材料本身就很美，我不认为它已经落后了。

Lens：*你选择项目的标准是怎样的？*

安藤忠雄：首先，客户必须要对这个项目充满激情。客户的想法必须是很自由开明的。要花多少钱，是次要的问题。我的项目一般都会持续五年多的时间，在这中间，要和对方有很多次交涉。

1995 年，安藤忠雄和妻子在大阪的合影，背后是小狗柯布。

安藤随身的笔记本写得密密麻麻。“在生活当中，如果有了灵感，就会将它们都随手记下来。”灵感总是来得很随机，书籍、报纸、餐巾纸，甚至酒店的门卡，都可以成为他的涂写本。他的所有作品都是这样从草图开始的，有了方向后，再召集设计组讨论完善。

Lens：你的建筑中经常会有增建改建的现象，这里是不是也有日本文化的特殊性？

安藤忠雄：虽然不是日本才有，但确实是日本经常会有。最有名的就是桂离宫，这座建筑经历了很多次的增建，在这个过程中，设计、建筑材料，还有工艺都可能发生变化，但是里面有一种东西始终存在，是什么呢？我觉得是自由。桂离宫就是自由和自由相碰撞之后的产物。所以你在桂离宫看到的那种美，并不是一种“美的统一”，而是一种“自由的统一”。

再举一个例子。比如日本茶道，茶道每天都是不同的，在一幅画的陪伴下，观赏风景，随季节变化完全不同的风景。这中间表现出的是什么呢？是生命力的繁盛，生命力渗透在其中。

如果没有自由的话，我们的世界观是无法扩展的。在日本人的心中，我觉得最缺乏的就是这种自由，所以，大家都想去大公司上班。从一开始，年轻人就都被拘束着，想在大公司一直工作到 60 岁。这就得去日本的一流大学，不是这些大学毕业的去不了大公司。

Lens：你在建筑中有没有特意地去呈现日本式的风格？

安藤忠雄：日本在全世界最流行的元素可能就是“洁癖”“守规矩”“契约精神”“日常生活充满节奏感”，如果这样说的话，因为生活有节奏，那么就连建筑可能都会产生韵律感吧。

什么叫“生活的韵律感”呢？比如说早中晚三餐按照规定的时间进行。在进餐的过程中，有要遵守的规矩。日本人从绳文时代、弥生时代就开始考虑这个问题了。

从弥生时代开始，各种各样的东西进入了日本，差不多都是从中国摄取的，日本会把这些输入的东西进行一番“日本化”，就是转化成符合日本人世界观的东西。比如日本的寺庙，就会把中国传来的元素改造得更加细腻，更小一点。再举一个平城京（日本奈良时代的京城）的例子，平成京的规划是从哪里来的？还是从中国来的。他们将长安的都市样式搬到了日本，然后按比例将它缩小。基本上，中国文化从传入日本的那一刻开始，就变成了属于日本人的文化。

日本人在这一点上是非常擅长的。明治元年，日本从英国、法国、德国请来了专家、教师等，要进行西方化。日本人开始接受西方的事物，但还是会把它改造成适合日本人的样子。（相对于中国）日本最早吸收西方文化，对外来文化的接受也相对容易。当时就有一名叫乔赛亚·康德的建筑师，之后又有建筑师辰野金吾成为大学教授，这样，日本的现代建筑逐步迈向了西方的路径。欧洲的风格在中国是很难被接受的。印度对此也无法接受。但是日本，很快就吸收了西方的文化，这是因为其基础是日本文化。

基本上所有的日本人，看到浮世绘就会很开心。再比如俳句，日本人喜欢在只有“五七五”（句式组合）的世界中去营造一个宏大的世界。松尾芭蕉的《奥之细道》，三言两语之间，一个宏大的世界存在其中。那时候的农民，虽然衣食都难以保障，但还是对这些俳人们抱有尊敬之心，期望将这项传统传向下一个时代。在我看来，日本人对文化始终抱着一种喜欢的心态。但现在日本的年轻人，可能也就知道有“俳句”这个东西存在而已。

Lens：有人说你的建筑不仅仅是建筑，成了一种“风景”，你怎么看这样的见解？

安藤忠雄：我觉得建筑成为风景，是一种幸运吧。如果不能和人的生活很好地融合在一起，就是不好的风景。

Lens：*你在阪神大地震之后给自己的故乡做了很多的贡献……*

安藤忠雄：我对自己所居住的这片土地感到的是一种自豪。我生在大阪、长在大阪、喜欢大阪。我个人、家人、事务所在这里，在大地震过后，我最想建立起来的，就是一支队伍。当时我就提议给神户的街头都种上那种能开白色花的树。为什么是白色的花呢？原来大阪被称为“樱花之都”，因而凝聚了所有人的心，有不少人因此爱上大阪。在我看来，一个地区的凝聚力是非常重要的。一个社区的出现，大家成为一家人，这就是一件好事情。大阪就是樱花，神户就是白色的辛夷花，当然，这个过程绝不会是一帆风顺的，但还是在不断推进当中。

Lens：*你谈到花，谈到凝聚人心，也跟美有关，很多人对日本城市的美感印象很深，你怎么看？*

安藤忠雄：日本美吗？（笑）我必须要考虑一下这个问题。我觉得美是每个地方的人，大家独立并互相尊重，和谐共处，这样才叫美。如果千篇一律，都是同一个样式，比如日本的大学，都一个样子，这就不叫美。各种各样的事物和谐共处的时候，才是美，才有生命力。在美国，有各式各样的大学，哥伦比亚、耶鲁、哈佛，它们相互碰撞交流，学生们也很有意思，我觉得这都是很有趣的现象。

我去过很多美国大学，发现美国学生真的很认真地在学习。日本学生上了大学就变弱了，完全成了一潭死水，派不上用场。美国学生上了大学之后立即就自立了，非常强大。日本学生只是为了上学而已，而美国学生是为了学习。当然，我并不是说所有人都是这样。

中国的年轻人我了解得不是很多，但我觉得要去思考，在行动之前，人还是要有一定的视野，如果没有的话，是学不到新东西的。

中国家庭大都是独生子女，大家都是“小皇帝”“小公主”，日本家庭也是一个或者两个孩子，都是在父母的爱护下成长的。如果不去锻炼自己，是不好的。

安藤忠雄会客室墙壁上悬挂一幅报纸剪报，上面是建筑师爱德华·拉华比·巴恩斯设计的安盛公平人寿保险总部大楼。

安藤忠雄的手边总是有一个插满彩色铅笔的笔筒，供他随时记下笔记、灵感或是签名。

他事务所中所有工作人员的名片设计都很简单：姓名、地址、事务所总机电话。不会标明任何职位名称。

面对来访者，安藤忠雄看了一眼现场的人数，就拿起蓝色的铅笔在自己的名片上签字："Ando"（日文"安藤"的读音），然后像发扑克牌一样将名片递给客人。

他动作很快，语速更快，在与 Lens 的面谈中，接到问题后很少停顿，还不时地"三心二意"：比如提醒我们注意"你的同事碰你呢"；还在听问题时拿起 Lens 送给他的茶叶盒玩了起来，后来又把手表摘下来在手里玩；谈话中间突然朝桌下四处看，"我的拖鞋哪儿去了？"大概也是被他在下面玩了很久吧……

回答问题看似随意，其实安藤提前做了很多功课："我昨天就一直在想有关中国的问题，认真准备……"

<右页图> 谈话中，安藤忠雄展示了他最新竣工和即将完成的一些设计项目，此刻桌面上是北京启皓美术馆的模型和北海道头大佛竣工后的照片。后者曾在中国的社交网络上引发讨论，他很快就知道了。助手会帮助他监测各方的评论。

初次会面结束后，安藤走到窗边，让助理简单地整理一下衣服，又要赶往下一场。

他把自己的研究所称作设计师的“修行场所”和育人的“道场”，给每个人从零开始去挑战的机会。他说：“我们并不是一个由指挥官与服从命令的士兵组成的‘军队’，而是一些怀着共同理想、信念和身负职责的个人，以自我为赌注，为了生存而组成的‘游击队’。”

但他也明显感受到，年轻人和他们那一代不一样了。谈话时，他叫来两个实习生旁听，中途他说到这些年轻人整天想着要到更大的事务所去，两个实习生的脸色很不好看。

一次访谈后，安藤忠雄风风火火地进来，又快速地离开。

这是安藤忠雄建筑研究所附属楼的出入口，隐藏在一片绿阴当中。

安藤几乎是逃跑一样从这里穿过，跑进对面的主楼内。因为他的粉丝经常堵在门口。

研究所正对门是一家收纳整理公司，西边是一个小停车场和两个自动贩卖机，西南角有个很小的源光寺。工作室总体上是在一片居民区的包围之中。

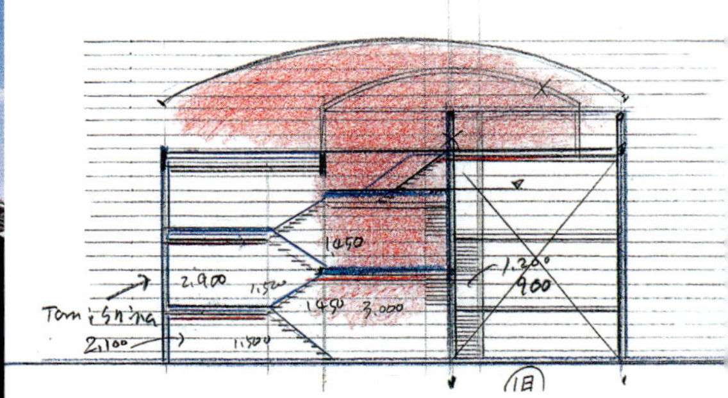

安藤忠雄建筑研究所大淀工作室（1980-1986）

安藤忠雄建筑研究所的第一个工作室，是 1980 年时，安藤买下自己设计的第一栋住宅“富岛邸”后改造而来，他给原屋顶上加了一个玻璃房顶，又将其与旁边建的新楼连接起来，在两栋楼楼顶之间增加了一个弧形廊桥，充分利用自然光。

“曾经有人问过我：‘您不打算设计自己的家吗？’

“但我一直觉得自己就像住在事务所里，事务所是我心灵的归属，而且说句玩笑话，自己的家如果住起来不方便的话，实在会有点辛苦啊，所以我觉得还是借由客户的案子来练习设计住宅比较好。”

安藤忠雄建筑研究所大淀工作室改建（1989-1991）

1989年，安藤忠雄将先前的“大淀工作室”全部拆除，重新建造地上五层、地下一层的建筑，通过东侧楼梯构成一个统一体。

夢かけて走る

带着梦想前行 / 1982年，我从朋友那里收养了一只小狗，用柯布西耶的名字给它起了名字叫“柯布”，从那以后的16年间，和它在追寻自己梦想的道路上一路前行。

每天，它都会和我到事务所，在办公室内自由地走来走去。

柯布1998年8月静静地停止了呼吸。它离开后的那种丧失感真的很强烈。

自那以后，我就再也没有养过狗了。

安藤忠雄和爱犬柯布在大淀工作室（背后的混凝土建筑）外，此时他已经对工作室进行了一轮重新翻修。

在这之前，他的事务所只有三十多平方米。安藤回忆事务所刚开设的时候，委托的单子很少，他就每天在没有空调的房间里，在床上看书，或者盯着天花板发呆——当然，他是在思考自己的作品，自己做出模型，自己去评价，“自己一个人奋斗”。

比他略大一点的矶崎新、黑川纪章等人，那时候早已成名，有了大型的项目，在国际上也获得了声誉。而安藤还只能接到小的住宅项目。这是他的原点。此后，即使大项目不断，他也还对那些小住宅饶有兴趣。

那是一段艰难的时光，愤怒的时光，但并不彷徨。他任自己的各种想法发酵、冲撞，仿佛一场漫长的精神旅行。他还经常主动为别人设计项目，再上门自荐，即便被拒绝了，但大家都记住了这个自我而热情的年轻人。

更重要的是，在那段混沌期，在一个个的民居项目里，有意无意地，他开始将日本传统建筑的元素和西方现代风格融为一体。渐渐地，这成了他的标志。

的自然光。安藤忠雄的工位不是其中环境最好的，而是位于天井最下部，靠着大门，冬寒夏暑，不过这个位置可以方便他掌控工作人员的情况。

＜本页组图＞经过改造后，大淀工作室拥有一个敞亮的办公空间，中间的天井能够引入外面的自然光。安藤忠雄的工位不是其中环境最好的，而是位于天井最下部，靠着大门，冬寒夏暑，不过这个位置可以方便他掌控工作人员的情况。

＜左页图＞安藤忠雄在改造前的顶层工作室中画图。墙上的画中绘制的是六甲集合住宅一期工程的外观。

安藤忠雄建筑研究所附属楼内的挑空空间。墙壁上悬挂着安藤忠雄设计的“泰特美术馆竞标方案”模型（详见第 172 页），虽然最终未能建成，但这一计划是安藤忠雄公共建筑中极为重要的设计，其中的很多概念都运用到了后来的建筑项目当中。

安藤忠雄建筑研究所室内的一角摆放着安藤自己设计的家具。墙上的展示格子中，是安藤设计过的建筑微缩模型。

住宅·原点／我的建筑设计活动是从住宅设计开始的。每一个项目都是冒冒失失地进入，在各种试错中，通过几何结构、混凝土的外露等表现方式，一直坚持到了今天，我也找到了属于自己的建筑风格。在这个意义上，住宅可以说是我建筑设计的原点。

即便是再小的面积，住宅的业主们都有自己的想法，当然也有建筑用地本身的条件和风土等要素需要考虑。要用建筑去解决这些问题，从中创造出新的价值，这个过程和大型建筑设计没有什么差别，说不定还要更难，因为你需要考虑居住活动本身，有时，这可能是一个更大的挑战。

<右页图>1979年，安藤忠雄夹着一卷图纸在施工现场。

他回忆以前工作讨论后，会在纸上反复进行修正，图纸经常被改得一塌糊涂，要小心翼翼地不把纸面弄破，还要把从计划开始的图纸按顺序堆积，以便随时查询。他觉得那是最能体会职业感的瞬间。现在用电脑绘出的图纸，虽然精致，却很少再有那样的喜悦。

都市ゲリラ

都市游击队 / *1972年，我发表了一篇文章叫《都市游击队住宅》，里面有包括富岛邸在内的三个项目的设计方案。*

其中表达了我对都市住宅的想法：即便是小，也要设计出一种像游击队员一样、在城市中坚强扎根的住宅形式。另外，其实这也表现了我自己当时的心态：在没有工作的困难条件下，每天我都在拼命地活着。

富岛邸（大阪，1972–1973）

成立事务所后，安藤忠雄接到的第一个案子，是朋友介绍的。当时，这里已经盖起了一个长屋，安藤几番思考后，还是决定拆除重盖。整栋建筑主要的采光口是建筑顶层凸起的天窗，下方设置了联通室内各个空间的楼梯，阳光顺着天窗倾泻而下，四周则用混凝土墙壁围起。

这个建筑的周围，是典型的关西民居——长屋，因此，在住宅区内它显得格格不入，安藤将它叫做“都市游击队式住宅”，试图以此和整个城市的住宅形式对抗。

屋主本来是一家三口，一年后，女主人怀了双胞胎，住不下了。屋主请求安藤买下这栋房子，还开玩笑说，“都是因为您是双胞胎，我们家才生了双胞胎。”安藤答应了，并在这里几番增建、改建，形成了今天的“安藤忠雄建筑研究所”。

“我在这里是居住者，也是出资者，我深刻体会到业主的心情。设计建筑很简单，但作为一个负担所有费用的居住者，并不容易。这栋建筑是我的起点，在这里遭遇挫折，我觉得很幸运。”安藤回忆说。

ルビ和大

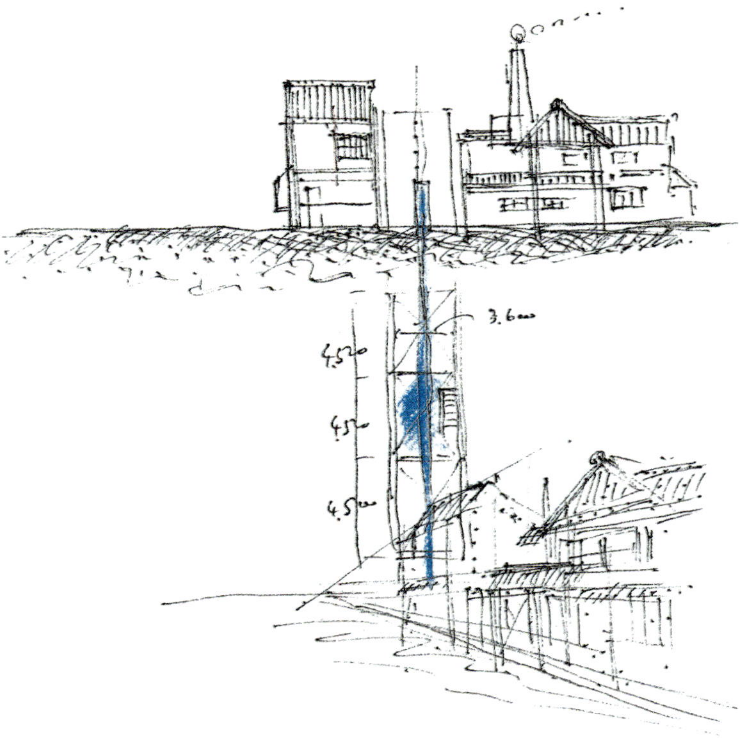

住まいと格闘する

和住宅格斗／从住吉的长屋开始，我想设计一种在都市当中能感受到自然的住宅，用中庭来切断人们生活的连线。从通常的感觉来说，我设计的住宅可能不适合居住。但是多数业主现在依旧居住在其中。事实上，有时候还能听到他们感谢的话语，住在里面对他们来说也是一种挑战，那些麻烦的部分反而成了一种乐趣，我也抱着这种放肆的想法，将自己风格的住宅设计持续到了今天。

住吉的长屋（大阪，1975–1976）

住吉的长屋是三个大杂院中间的一个，面积狭小，安藤忠雄把原来长屋的横梁全部拆除，改为箱子型的混凝土建筑，尺寸大约是长 14 米、宽 3.5 米、高 6 米。虽然很小，安藤还是把中间的三分之一留作中庭，“除了浪费之外，没有其他词可以形容。”安藤自己说。

安藤说，那里铭刻了他当时“真的想在建筑上做点什么的那股热情”。当时，虽然事务所已经成立了 5 年，但还是只能接到这种预算很少的小型个人住宅项目，那时候的愤怒和野性，都倾注在了这样的作品里，他后来也说，自己早期的作品比较强势。

“野性”，如同“挑战”一样，是安藤生命特质中的关键词。在他看来，社会处处充满了看不见的栅栏，只有保持足够的野性，才可能逃脱沦为惯于被饲养的动物。

他还想要挑战的是：现代人为了居住的便利而舍弃了个性，失去了与自然的连接。“大家都认为建筑的动线必须连续、流畅，但这栋建筑完全是不连续的。”安藤说，他认为这种与自然亲近的建筑是更好的，居住者自己要去思考：什么才是适合自己的居住方式。

安藤读过谷崎润一郎的名著《阴翳礼赞》，里面提到，理想中的日本居室，厕所就应该远离堂屋，“夜间如厕很不方便，尤其冬天里有引起感冒之虞。然而，正如斋藤绿雨所言：‘风流即清寒。’那样的场所，里外空气一样冷，反而使人觉得心情舒畅。”谷崎润一郎还提到，“日本居室的美完全依存于阴翳的浓淡，别无其他任何因素”。这些传统的影子，同样摇曳在安藤那些深具现代感的建筑里，阴影始终是他作品的标志之一。

“不是继承形体，而是继承眼睛看不到的精神，通过这些，将属于地域的、个人的特殊性、具体性的东西继承下来。”他曾如此说道。

“对我来说，住吉的长屋是我拼尽全力努力完成的作品。但这件作品的评价却糟糕透了。我在房子里设计了一个露天中庭，风会吹进来，雨也会下进来。

业主曾经问过我，‘安藤先生，天气冷的时候怎么办？’

我回答他说，‘多穿一件衬衫如何？’

他又问我，‘如果变得更冷，怎么办？’

我接着回答说，‘那就再多穿一件吧！’

他继续追问，‘变得非常冷的时候呢？’

我说，‘那就请忍着点吧。’

在人生中，学会放弃也是很重要的。

结果，业主回答我，‘嗯，我会努力的。’

如今，这位业主住在这栋房子里，已经四十多年了。应该为他带来了很多不便。”

<左图>1976 年，安藤忠雄站在即将竣工的住吉的长屋前。建筑师村野藤吾曾经对安藤说，“这栋房子非常棒，不过，如果这栋房子得了奖，应该把奖颁给业主，而不是安藤先生。”安藤后来凭此获得了日本建筑协会奖。

“在这个房子里度过了几十年的时间，感受着四季的流转和光线的游移，我对这个房子充满了复杂的感情。有时抱怨，有时兴奋，有时需要应对很多挑战。但是，我从没有对这些居住经验感到厌烦，我把这个露天的中庭视作一个心理专栏，它只是需要你牺牲一点生活的舒适度。”业主评价说。

<右页组图>从安藤忠雄拍下的这张照片可以看出，住吉的长屋和周围的建筑很不同，但其中蕴含着他对大阪自然风土的认识。

安藤是在大阪下町的传统长屋里长大的。那里密集逼仄，人们只能用中庭、后院等小空间来保持通风。那里的光线虽然微弱却很美丽，雨雪虽然恼人，但一场场落下来，真切地提醒着时间的变化、自己的成长和家人的老去，人生关键的记忆点和自然的节拍相合，邻里的关系仍然富有人情味……但这一切，随着都市化的进程，快速地溃散了。

所以，安藤用那个“浪费”的中庭，就是要让主人找回与自然微妙的联系。也正因为对都市化的失望，这个“游击队”除了临街的门，连窗户都不留，背对着城市，围拢起自己的小小宇宙。当外界贫瘠冷漠，不妨向内寻求丰饶。这份冷硬，出自安藤的性格，也被长屋的主人接纳了。

安藤忠雄新绘的住吉的长屋草图，以及业主夫妇的漫画像，并标注了他们坚持至今的日期。

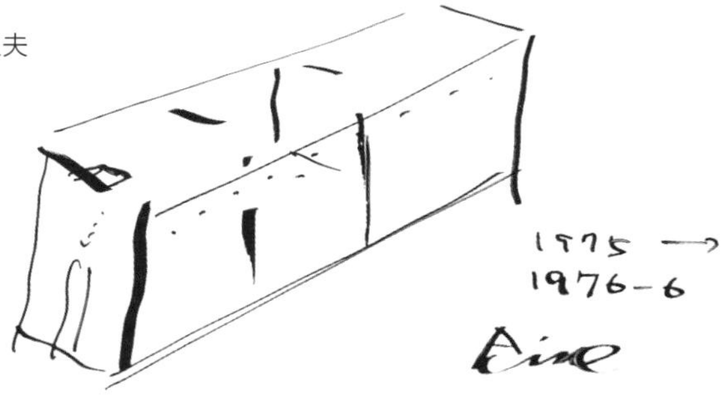

鉄とガラスとコンクリート

钢铁、玻璃、混凝土／这些都是在当代任何地方都能拿到、最普通不过的材料了。我的想法是，使用这些材料，创造一种在全世界各地都找不到的独特空间。

玻璃网格之家“石原邸”（大阪，1977–1978）

这是一栋商住两用建筑，楼上住两户家庭，一层为办公室。它依然是一栋“箱式住宅”，楼房的中央是一个漏斗形的中庭，周围的建筑随着高度的抬升而向外伸展。中庭四周的墙壁，使用的是20厘米见方的方格状玻璃，在光线倾泻和移动时，屋内随之充满美妙的变化。

小篠邸（兵库县， 1979-1984）

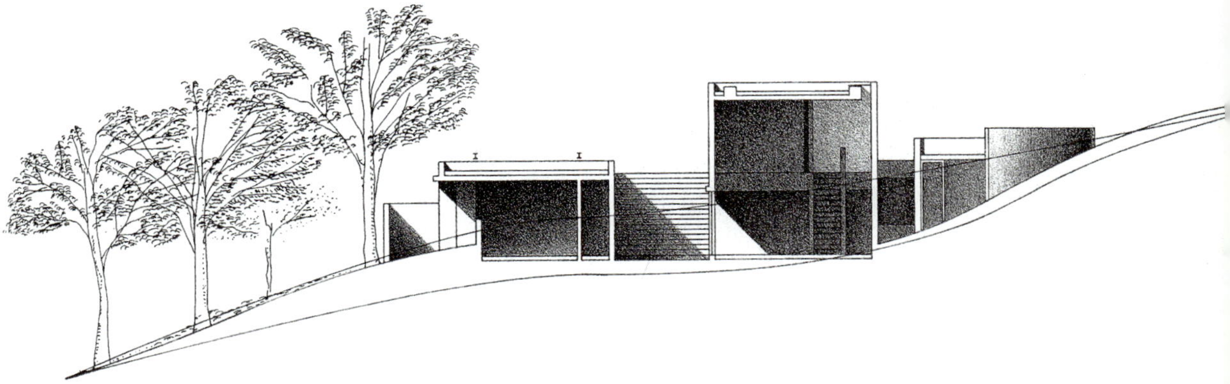

安藤忠雄为日本时装设计师小篠弘子设计的这栋住宅，建在关西地区最有名的一块高级住宅区芦屋。因为位于山坡，给设计带来了挑战。但小篠弘子也给了安藤很大的自由度。

这次，安藤将两个箱子式的建筑并列在一起，其中有一半埋入地下。建筑比较低的一层是生活起居区域，位于高处的部分则是主卧，低层的房顶就成了高层的阳台。对场所特征的表现和光线的使用，都是这个建筑的特色。

竣工四年后，1983 年，小篠弘子又请安藤加盖了一间工作室，并进一步将四季景色引入室内。

2013 年，小篠弘子又将这间富有艺术感召力的宅邸改造成自己作品的展示场所，起名叫“芦屋 KH 画廊”。

小篠邸内通向起居室的走廊，日光穿过玻璃，和混凝土墙上的阴影形成对比。

附属建筑部分，采取了与原建筑同样的采光方式。

"让生活融合在自然中才是住宅的本质。"

扩建时，安藤忠雄放弃了原有建筑的直线型外观，改用四分之一圆作为建筑的外墙，并在屋顶沿着弧线设置了一条细细的天窗，引入光线，在墙上显示出一种自然光线推移的效果。

“建筑的故事必然伴随着光和影两种侧面。人生亦然。”

小篠邸的修建和扩建，将自然进一步引入到室内，这参考了小篠弘子的意见，也是安藤住宅风格的继续探索。对于能亲手创造出自己想要的氛围，小篠弘子很高兴，她觉得在安藤的设计中，“必要的才是重要的”，这个理念和她自己的人生观也很契合。

“我对于极度简朴的禁欲生活，有一种下意识的憧憬。”

1982年，安藤忠雄在小篠邸，右为业主小篠弘子。她非常喜欢这个房子，“每天早晨，阳光从天窗洒落下来，那真是美啊！正因为是清一色的灰色空间，反而可以体会到各种各样的色彩。”

1984年，安藤忠雄在大阪的九条井筒邸与业主合影。

“住宅竣工后，建筑设计师的工作并没有完成，他应该经常探访业主。”安藤说。在接到住宅设计的委托时，安藤有时会先告知他们说：“既然委托我设计，我希望你也要有坚持住下去的信心。”他还会请业主写信解释他们为什么找他来做设计。

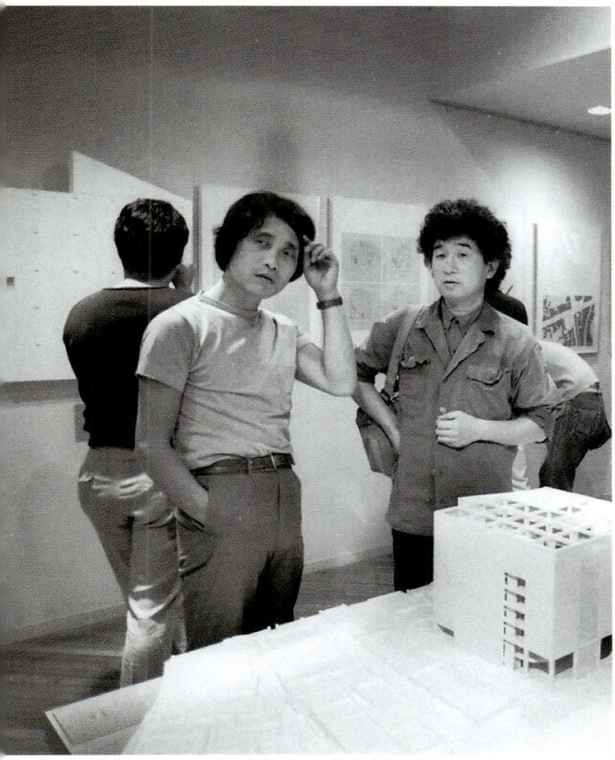

1984 年，东京，安藤忠雄在他的个人建筑图纸展览上与参观者交流。当时，日本人普遍向往美式生活的白色郊区型住宅，但安藤认为，人们应该把住宅当作呈现自己梦想的地方，不应该单纯追求便利、舒适，还要在有限的空间里创造出丰富。

1985 年，安藤忠雄接受阿尔瓦 · 阿尔托纪念奖。两年后，他开始陆续担任耶鲁、哥伦比亚、哈佛等大学的客座教授。

回想刚开始参与国外设计竞赛时，因为不懂英语和法语，安藤在事务所里到处都摆放着各国语言的词典。“作为一个建筑师必备的资质，就是无论追求什么，首先要身心都非常顽强，这点是肯定错不了的。”他说。

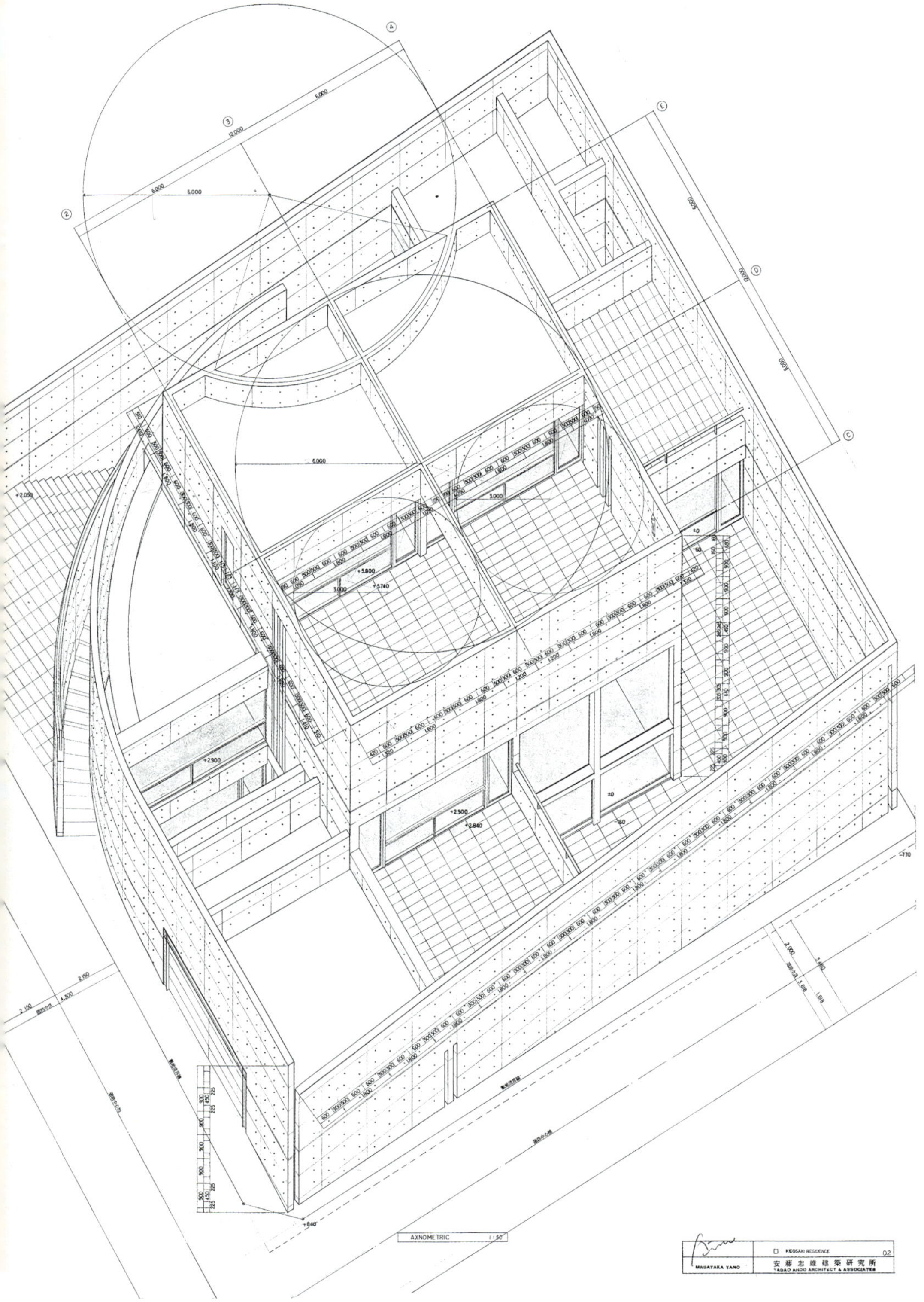

城户崎邸（东京世田谷区，1982-1986）

这栋房子的业主是一对夫妇，他们和两方的父母居住在一起，因此，他们要求房子既能保持各自的隐私和独立性，又能使三个家庭亲密互动。

安藤忠雄从这栋宅邸的入口处就明晰划分了长辈和年轻人的路线。父母一辈向下走过宽阔的台阶后，就通往一层的院落，进入自己的居住空间，而年轻人则顺着弧线的小径，走到自己位于二楼的空间内。各家保持了私密性，同时又因庭院空间相互联系起来。

二楼一角的会客空间，墙壁上方有玻璃覆盖的露天缝隙，以引入日光。

城户崎邸内通往二楼的楼梯，极简化的造型和材质，连同混凝土的外墙，创造了一个宁静的空间。

楼梯是理解安藤忠雄作品的关键元素之一。他很善于利用楼梯来创造复杂的内部空间，或化身活动场所。“在我的作品中，楼梯是为人的希望设置的。”他曾如此说道。

城户崎邸夜晚时的景象。左页上图为会客厅，楼梯通往起居空间。左页下图为卧室，是属于年轻业主夫妇的房间，位于整个住宅的三层，这样的安排保证了业主居住空间的私密性。

城户崎的业主说："如果是我来设计这个房子，我们家可能会陷入争吵……这个房子的设计，是在追求一些真实的价值，而非模仿。"

安藤忠雄使用的主要材料是清水混凝土、玻璃和木头。一如谷崎润一郎在《阴翳礼赞》中标榜的日本式房间："赤裸的空间，简朴的木质，素净的墙壁。""日本式房间的优雅是完全建立在无穷无尽的阴影和渐变上的。"

混凝土是现代建筑的产物，但在安藤的手中，就像木头在传统建筑中扮演的角色一样：单色，却随着光影充满了微妙的变化；素朴，却让人的感官更为敏感、丰富。"他告诉我们一种朴素的舒适观，这种舒适观的表达精确而适度、放松而沉静。"评论家安东尼奥·埃斯帕斯托说。

大淀的茶室（大阪，1985-1988）

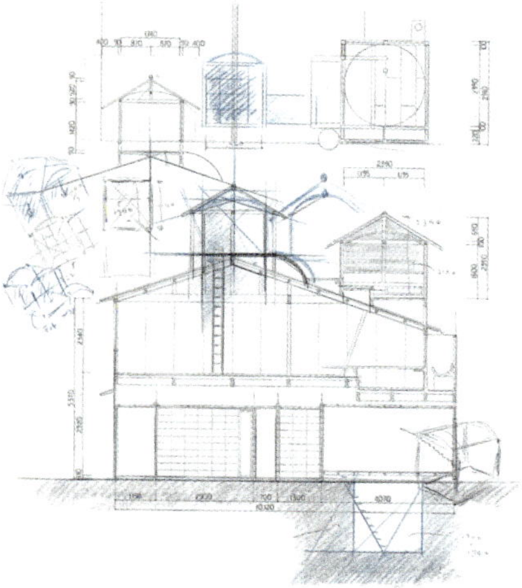

这组临时建筑，是安藤忠雄在 1985 年到 1988 年四年时间里进行的一个建筑实验。他在离工作室不远的一处房屋屋顶，分别用胶合板、混凝土、帐篷布来建造茶室，而且是在没有图纸的情况下就动工，建筑过程中不断调整自己的想法。他形容这就像爵士乐中的即兴演奏。即使完工后某些地方不调和、不自然，也是刻录了自己的“咆哮与呐喊”。

在安藤看来，茶室[1]和数寄屋[2]是最能代表日本的建筑类型。它们并不和周边的环境对峙，而是静静地融入其中，“某些部位采取重叠的手法加以强调，而某些部分则纤细地做出洗练的效果，给人一种有系统地、逐步地增建而成的印象”。

①茶室，一般指举办茶会的房间，其装饰深受禅宗影响，外观和内部构造追求“不对称”，避免重复，以示“无常”。

②数寄屋，是茶室风格和书院式住宅结合的产物，形式简洁，极力追求与自然的联系。

通往茶室的走廊，由胶合板搭造。

用砖块建造的茶室空间。

这是安藤忠雄设计的“双生观的茶室”（1981–1982），在茶室内混凝土墙壁下设置进光口，引入外部光线，为室内的榻榻米地板照明。

都市に刺激する

给都市以刺激／不时，会有那种在想不到的地点、建设让人意想不到的住宅项目找上门来。这个时候，我会超越住宅这个范畴，从建筑的角度去思考设计。

1996年，我公布了自己的住宅设计项目“曼哈顿顶层公寓”，意图用它嵌入纽约这一国际都市的天际线，给都市风景以刺激。

曼哈顿顶层公寓（纽约，1996，未建成）

这一项目位于曼哈顿的中心地带，安藤忠雄试图将两个“玻璃箱子”（实际为两个混凝土立方体，由玻璃包裹）分别置放或插进这栋具有 20 世纪 20 年代风格的老建筑顶层空间中，用于居住。

在安藤看来，都市的高层建筑往往乏味，但纽约 20 年代的这批老建筑，每一栋都具有强大的力量，特别是在屋顶有着突出的个性，纽约强有力的都市意象正是由这些“强烈个体彼此紧靠在一起”所形成的。安藤想用上述设计，来回应这个欲望都市的街景。但因为种种原因，项目未能付诸实施。

不过，另一个改建曼哈顿公寓的项目正在进行中，是在一栋 1912 年建造的公寓最上层，建造一座阳台，设置一面安藤与植物学家共同创作的绿色植物墙。

“这个计划相当困难，但一旦完成，就可以在房子里眺望整个纽约的景观，如果将那片景色全部当成这个设计方案的一部分，可以说是规模惊人的借景吧。”安藤说。借景是他从传统东方建筑中提取的手法，比如京都龙安寺的庭园中，让观者透过一堵矮墙看见一点点墙外的风景。

不过，改造老建筑并非易事，“需处理漏水的问题，也很难往上搬运东西，我只能尽力为他加油打气，就像住住吉的长屋一样：业主，请加油！”

这个住宅基地在海堤旁，受法律所限，建筑用地非常有限。业主带着忐忑不安的心情找到安藤忠雄。那时，年过 60 的安藤正在忙着设计巴黎塞甘岛美术馆，但这块小地方让他想起了自己刚出道时，做的都是这种在面积和预算上充满限制的作品，而且，这里地处隔绝，只有天空和大海相伴，那种心情也让他很感怀。他决定要在这小小的地方，再次做出一个丰饶的小宇宙。

安藤忠雄设计了一栋四层小屋，长宽各 4 米。一楼浴室，二楼卧室，三楼书房，在朝向大海的方向，顶层与下面的建筑再向前和向左错开 1 米，作为客厅。但安藤的清水混凝土需要一次性浇筑，只能一层一层去做，加上海风的侵蚀，施工难度极高。

4 × 4 住宅（神户，2001–2003）

从 4×4 住宅的室内向窗外望去，能看到连接神户市和淡路岛的明石大桥。

但这里的居住条件比住吉的长屋还苛刻，安藤就自嘲说他绝对不会选择在这里居住。但业主不仅在这里坚持了下来，还娶了一位慕名找来的女孩，生养了孩子。

夜晚，灯光打开后，整座建筑显得美丽而孤独。它背对城市，朝向大海。一楼正中开了一道门，二楼延续它的规格，开了一扇竖窗。三楼、四楼都是整面的玻璃窗。门口还设计了一条混凝土小路，周围铺上碎石，沿着小路，可以一直通向海滩。

4×4建成后，便有新业主找上门，委托安藤修建一座同样的房子。为了区别，安藤在后一个作品里没有使用混凝土，而是采用了木结构。

その場所にしか出来ない風景

只有此处才存在的风景／不管在世界什么地方做建筑，裸露的清水混凝土、几何学的造型，我的建筑设计手法并没有发生改变。但是作为其结果诞生的建筑，一定是独一无二的存在。

斯里兰卡某海岸宅邸（2002-2004）

这是一个丈夫送给妻子的礼物。

他们原本住在斯里兰卡科伦坡的一栋由建筑家杰弗里·巴瓦设计的房子里。但他们想要营造一个被自然充分包围的“最后的房子”，所以选址在瓦勒迦玛海岸的一个小型悬崖上，面朝着印度洋。

妻子是一个画家，丈夫经营着一家制造公司。丈夫要为妻子做一个工作室，还在门口刻上妻子的名字：致 Saskia。当然，他也会在其中拥有一个漂亮的玻璃书房，以及，他们在这里生养孩子的天伦之乐。

他们看过安藤忠雄的作品，妻子对安藤很感兴趣，丈夫立刻就联系了安藤，亲自拜访，提出自己的要求，还去看了安藤的其他一些作品。

他们是比利时人，找了一个日本人在斯里兰卡盖房子，所以业主很担心施工的质量。后来，安藤特地从日本邀请两位多次合作过的施工专家加入这个项目。

安藤住宅设计的业主，不少都是艺术家，他们期待这些建筑同样也是艺术品，并同自己的创作产生互动。这一项目依然由三个区域组成：卧室、客房、工作室，但安藤将三个空间进行了有效的区隔，保证每个区域都和室外有所连接。这样做，一是保证在当地炎热的气候下通风顺畅，二是也让艺术家能够方便地与自然互动、缓冲，甚至作为其灵感来源。

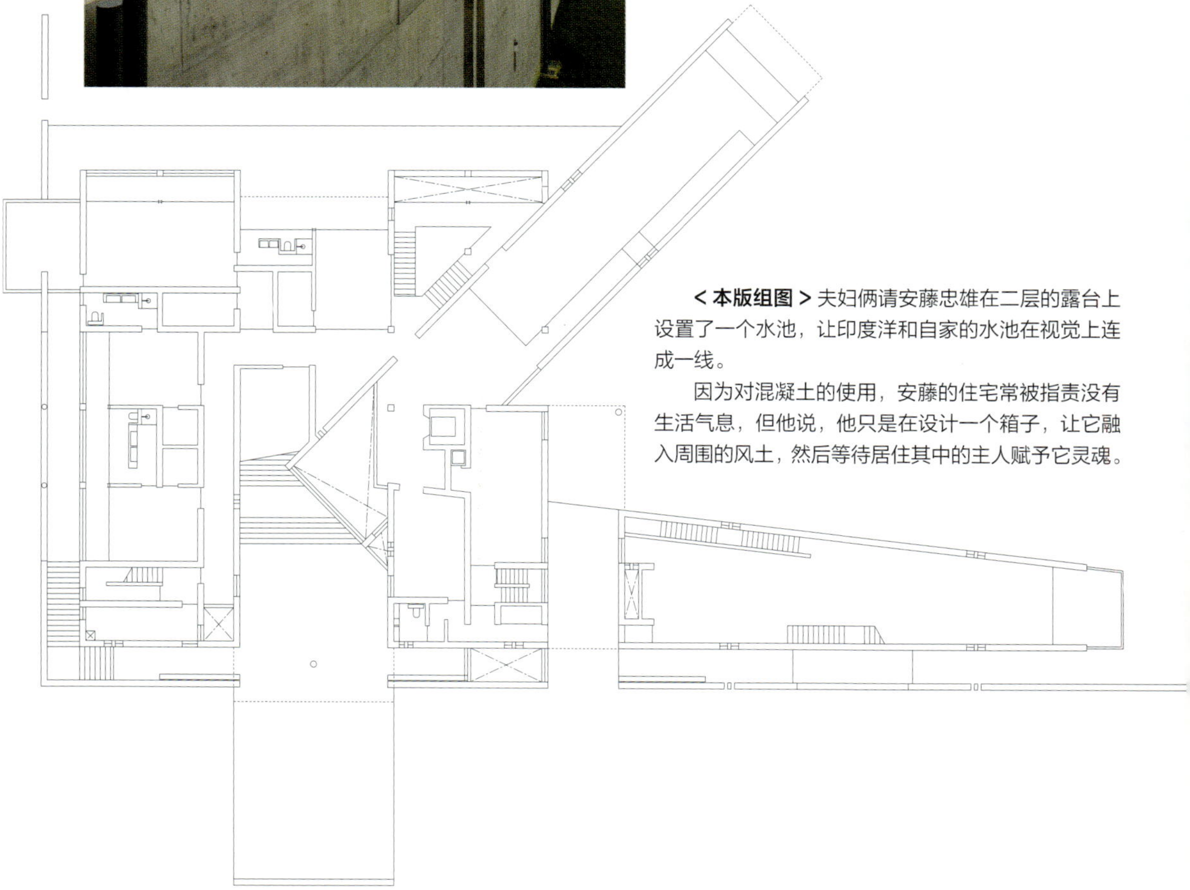

＜本版组图＞夫妇俩请安藤忠雄在二层的露台上设置了一个水池，让印度洋和自家的水池在视觉上连成一线。

因为对混凝土的使用，安藤的住宅常被指责没有生活气息，但他说，他只是在设计一个箱子，让它融入周围的风土，然后等待居住其中的主人赋予它灵魂。

<上图> 在建筑的长方体空间中，用楼梯做出间隔，作为艺术家的创作空间和展示空间，空间尽头是钢制的十字框架。墙壁之间则留出了缝隙，使光线的折射更为丰富。

<下图> 室外开放式的凉廊，可以看到前方的印度洋和后方的丛林，还可以看到远处的杰弗里 · 巴瓦设计的最后一个建筑。

<上图> 业主的盥洗室，除了用落地窗和走廊来采光外，天井处预留的缝隙也会泄下日光，使室内保持一种通透感。

<下图> 主卧，单色的木质家具和地板，稀释了混凝土和白色墙壁带来的冷峻感。

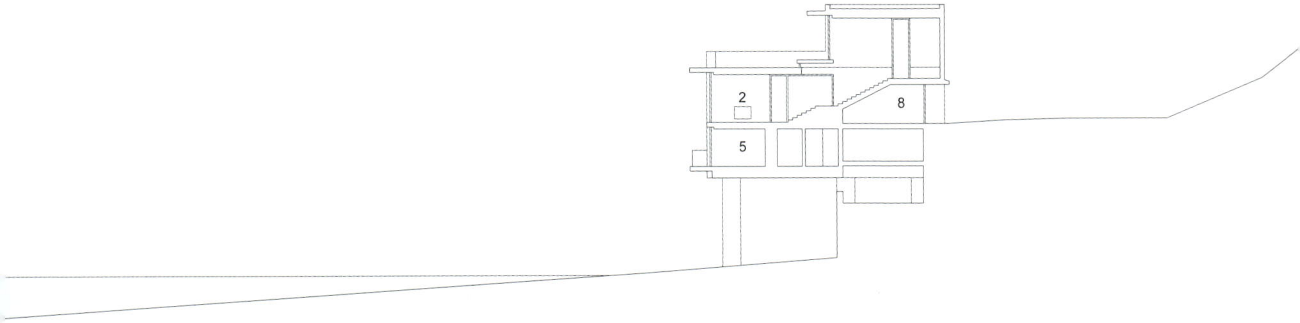

马利布住宅（洛杉矶，2006-2012）

在加州洛杉矶的马利布，安藤忠雄曾经接到一系列的住宅设计项目，但也面临着很多难题：要取得建筑许可，征得邻居的同意是不可缺少的一环，还要克服各种各样的海滩地形及技术难关等。这座建筑比较幸运，成了这里第一个开工的海岸别墅。它背靠公路，面朝大海，其地基是护岸工程的一部分。

该建筑的业主是一位电视节目制作人，也是一名艺术收藏家，他希望宅邸既能用作展览空间，还能保持私密性。

場所を味方につける

将场地当作自己的朋友／在“马利布住宅”中，我将业主所有的生活场景都放置在一个以太平洋为背景的开放环境中。因为在设计建筑时，我脑中一直考虑的是如何将建筑用地的特性进行灵活运用，“将场地当作自己的朋友”。

从三层去往二层的露天台阶，可以直接看到一望无际的太平洋。

安藤忠雄将马利布住宅设计为三层：一层为书房和儿童房，二层为起居室，全开放的落地窗能一览海景，三层则为主卧，朝海一面是阳台。展览空间设置在了连接二三层的楼梯空间处。

安藤的意图在于，主人带客人前往卧室时，能够在拾级而上时逐渐感受到艺术和风景带来的愉悦感，最终抵达主卧看到海景，愉悦感达到极致。

関係をつくる

建立关系／建筑设计不是一个人做成的。首先需要那些和设计者有共同想法、并能够创造机会的业主；其次，他们能够接受设计者描绘的蓝图；之后，还有穷尽技术，能够将建筑付诸实施的施工方。以及，和建筑物相处、培育建筑物的社会等等。正是因为有多方人士的存在，我所追求的建筑才得以实现。我设计的建筑个性，其实也包含着那些业主们的个性。

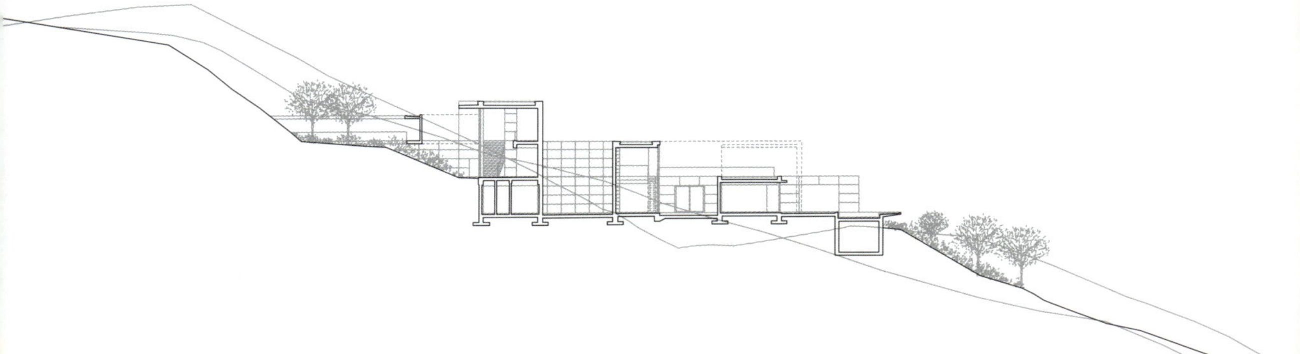

蒙特雷某住宅（墨西哥，2006-2011）

大型私人宅邸的业主们，一般都有两类需求：美景和隐私。对于安藤忠雄来讲，这座位于蒙特雷市国家公园内，面积达到 1500 平方米的私人宅邸，完美地满足了这两种需求。

安藤利用地形特点，用 Z 字形上升回廊等将各个空间连接起来，呈现出一种看似复杂的空间布置，以体现出对隐私的保护，并在各个楼层衍生出观景阳台。

庭院局部

庭院俯瞰

起居室

主卧室

可能性の箱 + 小宇宙

可能性的箱子 + 小宇宙／在进行建筑设计时，可能有各种各样不利的条件，比如土地面积过小、外形不规整等。如果能够克服这些不利条件，从中营造出一种让人意想不到的空间，我会感到非常喜悦。在小型住宅当中，要实现丰富的生活空间，就有必要引入自然的光和空气。这种能够产生自然变化的“小宇宙”，其实也让住宅这个“箱子”充满了各种可能性。

靭公园住宅（大阪，2007-2010）

一对夫妇和两只爱犬，还有一块 5 米宽、进深 27 米的宅基地，这座靭公园的私人住宅，是安藤距住吉的长屋三十多年后，回到原点，再次挑战私人住宅的一次尝试。

比起住吉的长屋，这幢住宅有一个天然的区位优势：住宅的北面入口对着街道，南面则对着公园的庭院，南北通透。

业主是看到住吉的长屋后，想到邀请安藤为他设计住宅，想尝试一种和周围环境和谐共处的生活方式。但这个过程充满了麻烦。他从 2001 年向安藤提交需求，等到方案做出来后，地皮却出了问题。他几乎想要放弃了。他问安藤的意见，安藤就让他去选新的地方。

4 年后，经历无数次选址，业主最终找到了这个狭窄但临近公园的地方，并请安藤重新设计。因为觉得住宅邻近的公园里树长得不太好，很影响从房子里看过去的风景，安藤就让业主偷偷地过去栽上新的树木。“后来，我遭到了大阪市政府的控诉，不得不道歉，但我还是很佩服安藤先生到别人的土地去种树的精神。”业主回忆说。

住进去之后，业主度过了一段“艰难的时光”：不是很习惯开放的居住空间，冬天也很冷。不过，很快他就发现，客人们常被房子的挑高震撼；春天和秋天，打开房门，就好像能和公园融为一体。

鞆公园住宅朝北面向街道的正门

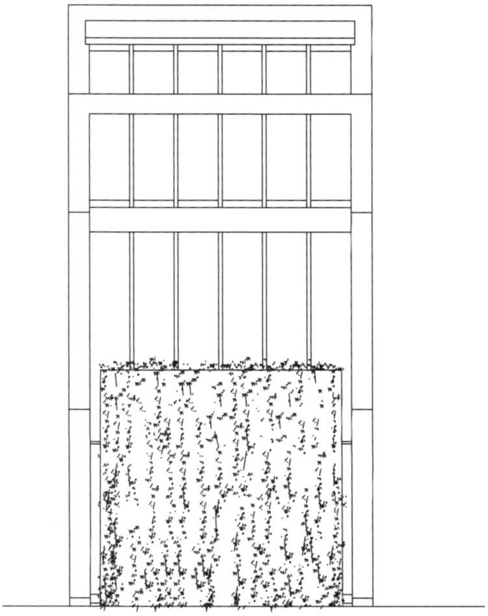

鞆公园住宅朝南的私密花园

室内取暖设备上摆放着精致的工艺品。

< 左页图 > 住宅南侧的客厅部分，位于一楼。

< 上图 > 二楼空间的外露台。

安藤忠雄设计了一面 3.6 米高的墙壁，将客厅所能看到的公园和自家的庭院分隔开，并利用特殊的灌溉设施在墙壁上种植绿植，形成外公园、内植被的立体格局，将屋外的绿色引入了庭院内。同时，在上层的卧室处，则能越过墙壁看到外面公园的景色，同时也因卧室外露台的设置，保证了业主的隐私。

侘屋（墨西哥，2011–2014）

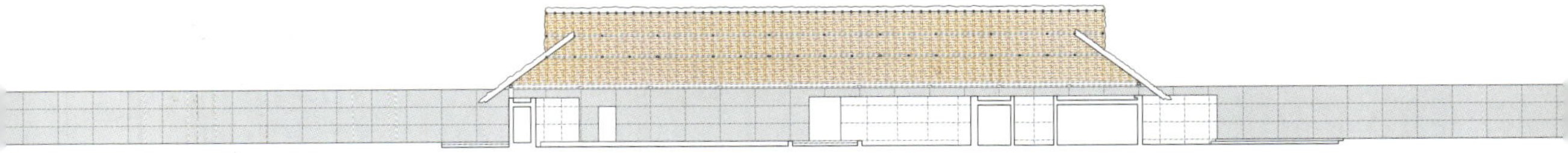

墨西哥埃斯孔迪多港地区的海岸线堪称是世界最佳的冲浪胜地，还有让人难以忘怀的日落景观。安藤忠雄在这块长达 550 米的海岸线上，设计了一面 312 米长、3.6 米高的混凝土墙壁，以及周边的一系列建筑。其中包括他为艺术家博斯克·索迪及其创办的机构所建的集合式工作室，专门供该机构的艺术家在此地休闲并创作。该建筑名为“侘屋”，源于日语中的“侘寂”一词。

Bosco
House

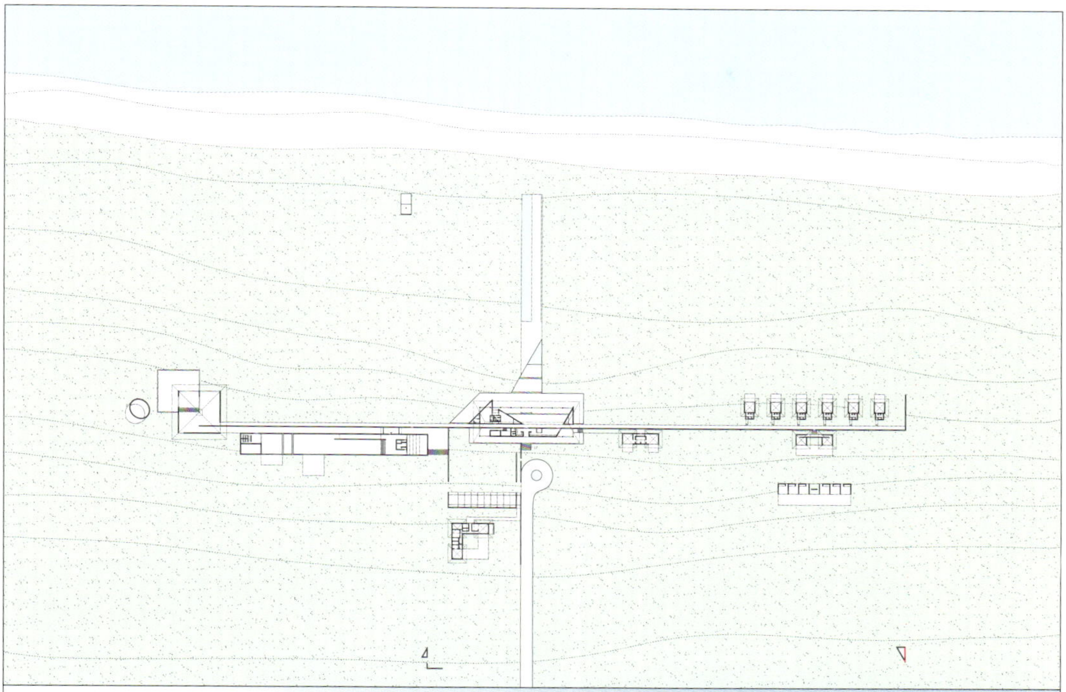

侘屋是业主活动的主要地点，其中安排了工作室和居住空间。在西南方向设置了六间小型房屋，东北方向则是一个大型的展览空间——此处也是宅邸的公共空间，业主可以在这里举办艺术展等活动。

由于这片海滩背山面海的环境，除了展览空间外，安藤在侘屋的设计上并没有使用玻璃窗或金属的通风装置。白天，来自太平洋的海风会吹上岸，而到了晚上，来自山里的风会顺着墙壁吹进室内。建筑整体的内外装饰都基本上保持一致。最大的房屋屋顶则就地取材，使用了墨西哥当地的棕榈树枝来覆盖。

7132 酒店客房（瑞士瓦尔斯，2013–2017）

安藤忠雄参与了瑞士这家酒店内饰装潢的设计，该酒店位于瑞士一个旅游区，酒店随后也以安藤、隈研吾等人的设计作为卖点进行了推广。

集合の論理

集合住宅的逻辑/到底是整体的统一感，还是重视部分的多样性？将两个矛盾的主题统一起来的逻辑，需要在集合住宅的设计中体现出来。在“六甲集合住宅”中，虽然整体上都是混凝土的立方格子累积而成，但因为在设计时，有意识地与山坡斜面相适应做了变形，也就是对各个住户房屋进行了多样化的设计。经过30年历经三期(实为四期)的设计，这一地区逐渐形成了现代建筑聚集的集合住宅风景。

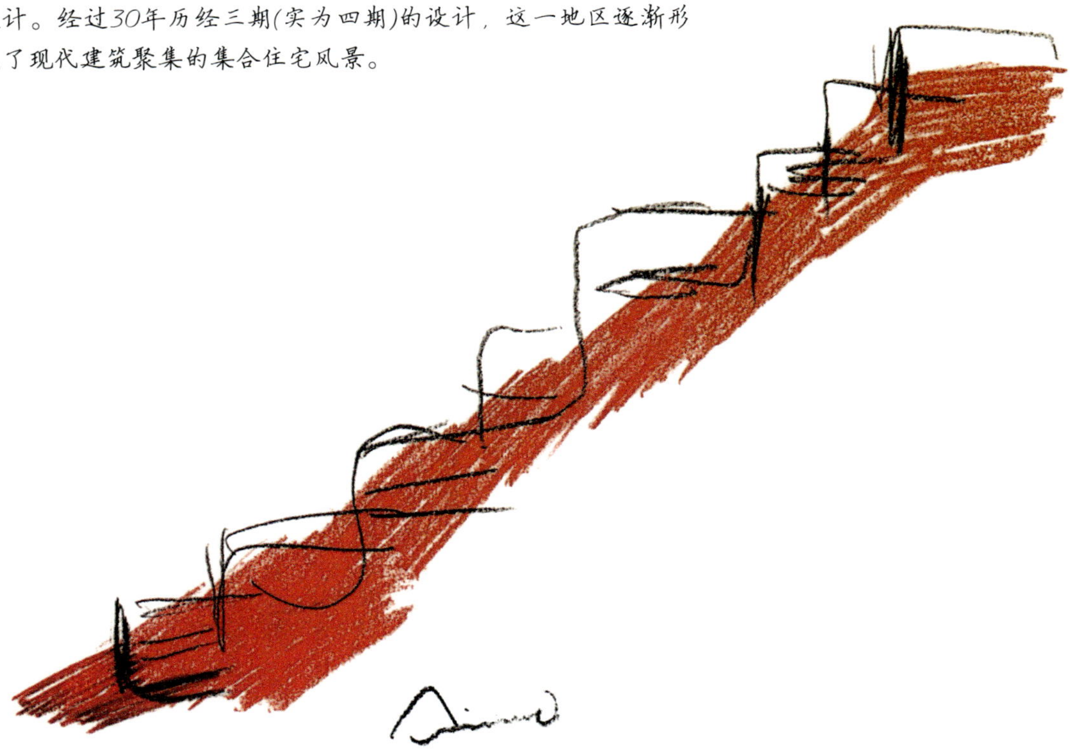

六甲集合住宅（兵库县，1978-2009）　　第一期工程（1978-1983）

这是安藤忠雄最重要的作品之一。他说，第一次看到神户这处坡度达到60° 的山坡时，他想到日本以往盖房子或修建梯田时，总是要削除地形，就想抓住这个机会，证明可以有更好的处理方式。

第一期工程，目标是供20户家庭居住，安藤决定把房子建得矮一些，让它们顺着山坡的走势排列，在追求外观一体化的同时，每个住户都不一样。而且，每一户都能看见海，下面一层的屋顶充当了上一层的阳台。

瑞士建筑师集团“五人工作室”于1959年修建的集体住宅，这也是六甲山集合住宅的灵感来源。

安藤忠雄与施工方在“六甲集合住宅第一期工程”的工地上。做这一项目时，安藤经常会住在工地，他对施工质量的严格要求有时候“让人反感”。

“每到工地灌浆那天，我都会加入工人的行列，一起手拿竹棒。如果有人做事马虎，我都会大声斥责甚至动手打人，以求他们尽全力做到最好。”安藤曾这样回忆说，“清水混凝土的成败，在于建筑师与施工现场工人之间是否有稳固的人际关系。”混凝土从浇筑到拆除模具，只有一次机会，安藤大概也是很喜欢这种充满挑战的感觉吧。

整个建筑的基础是混凝土梁柱，在山坡上组建成一个阶梯状的建筑空间，每个网格长宽为5.8米和4.8米。各个“网格”随着山坡地形的起伏，会做出一定的调整，这些被调整出的空间，就成为各个住宅的入口，也是安藤忠雄为居民设计的公共空间。

第二期工程（1985-1993）

第一期竣工两年后，第二期开工。这一次，可供安藤忠雄设计的用地是原先的四倍，第二期的居住单元达到了 50 户，也没有第一期那么多的外部条件限制，看起来是长方形组成的千篇一律的建筑，实际上融合了不同的房屋类型。“我想要创造一种外表简单、内部却像迷宫一样复杂的居住空间。”他说。在这一期里，出现了更多的公共空间。安藤忠雄在建筑中部的屋顶广场上建造了一个可以远眺大阪湾的游泳池，开放给住户和周边居民使用。

第三期工程（1992-1999）

六甲集合住宅第三期基本上延续了前两期的建筑风格，是安藤在第二期结束时自己主动提出的方案。因为建设期间遇上阪神大地震，建筑的形式有所改变，空间设计并没有前两期那么丰富多样，而更偏向于现代普通公寓的风格。

后来，安藤忠雄还设计了第四期工程，并在 2009 年建成，成为附近社区以及供老人进行疗养的设施。但在建筑评论家眼中，第四期有些流于平庸。

光与影／和所有的人造物体一样，建筑有一天也会在被风化后消失。人类意图与此对抗的历史也许就是建筑的历史。如此一来，我想创造的建筑，并不是通过物质自身或者形式，而是让它作为一种记忆，在人们心中永远地存在下去。

为了接近这个理想，我做出的尝试是将“物”做减法后，建造出一个如同空白画布一般的建筑，将光和风等自然的要素引入其中，生发出一种气氛，期待在这种生命气息中能够发现那种震人心魄的力量。

作为人们聚集、祈祷的场所，教堂建筑的设计工作对我来说，是一个用最纯粹的形态接近“永恒的建筑”的机会。其中，1989年完成的光之教堂因在极端苛刻的条件下建成，也是我与这一建筑主题最为深刻、最为真挚的一次相遇。通过这一项目的建筑过程，我再一次感受到：在想象力之所及处，要在逆境和困难中找到机会，其动力来源于业主和奋勇施工的施工方等相关人士的强大意志力和决心。

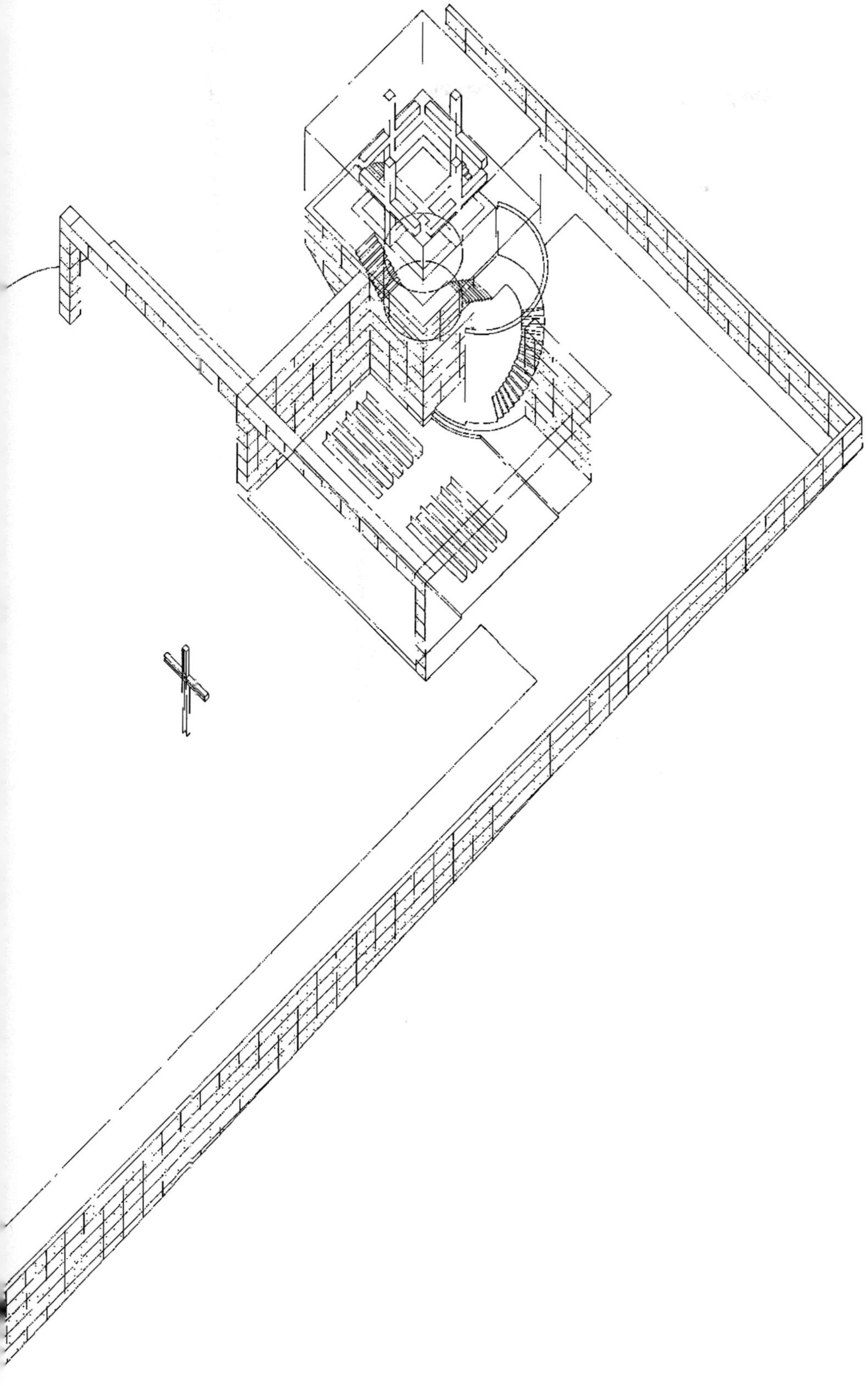

水之教堂木制模型

水之教堂（北海道，1985-1988）

安藤忠雄在建造六甲集合住宅时，曾经远眺附近的濑户内海，心生一个念头：“如果在海边建一座教堂应该会很美。”这个想法在几年后就成真了。

这座被称为水之教堂的建筑，位于北海道中部一个山区的平原上，建设用地周围遍布森林和灌木。“在我眼里，建筑是一种特殊的装置，它能与自然取得和谐统一，使人直观地感受到大自然丰富的生命力。”安藤忠雄这样说道。

在大阪淀川上游长大的安藤，对水很敏感，他认为日本人就像水一样，“在暧昧的状态下随波逐流。”水最能体现日本人特有的纤细感受性，富有灵气，是建筑与自然之间对话的最佳媒介。

从教堂内向外看，拉开十字形框架的吊绳门，就能一览外面湖上的景色。落地窗的外延形成一个画框，颇有一些日式传统建筑中“缘侧”（日式房间外的半露天空间）的感觉，在风景的衬托下，一座十字架静静地伫立在水面上，形成一个适合于祈祷的神秘空间。

作为“永恒的建筑”，在教堂里很适合体验四季的流转。水之教堂坐落在北海道的群山中，教堂前有一个长 90 米、宽 45 米的水池。安藤忠雄对其深度做过精确的计算，确保水面能够表现出风吹过的痕迹。

夏秋两季是这座教堂最美的时候。每年 5 月到 11 月间，教堂正面长 15 米、高 5 米的巨大落地窗会完全打开，使整个教堂与大自然融为一体。

12 月到翌年 4 月，白雪皑皑下的教堂显得肃穆、宁静。“教堂对着水面敞开，实在太冷了。”安藤自述他冬天去这座教堂的感受时说。但是他又坚定地说，“这幅景象多么美！美比功能更重要！”

从水池一侧看向水之教堂，它就像光的盒子，融合在周围的自然中。在安藤看来，植物、水、光和风，当这些元素根据人的意念从原生的自然中抽象出来，它们就趋向了神性。

建筑的外围是混凝土墙，观者会先听到水声，却看不到里面的建筑，他认为，观者会因此驰骋自己的想象，“内心的期待更得以发酵膨胀。”

1984 年，安藤忠雄在冲绳那霸的集市上买水果。这一年，他在那霸设计的庆之屋中首次在屋顶种树，开启了日本立体绿化的风潮。

<上图>1986 年的芝加哥国际建筑设计大会，安藤忠雄与弗兰克·盖里、赫尔姆特·扬、雷姆·库哈斯等建筑师参会。

<下图>同一年，安藤与斯坦利·塔格曼、彼得·埃森曼等人聚会。

这是安藤刚刚在国际上崭露头角的时刻，他喜欢与顶尖高手交流，但更享受与他们在各种场合的竞赛。“我和他们是同时代的人，有私人来往，又互知底细，制定战略时不免注意到他们。我通过投标和他们对话，这正是独一无二的刺激。他们也好像各自在混沌的社会中，摸索着通往新时代的道路。”

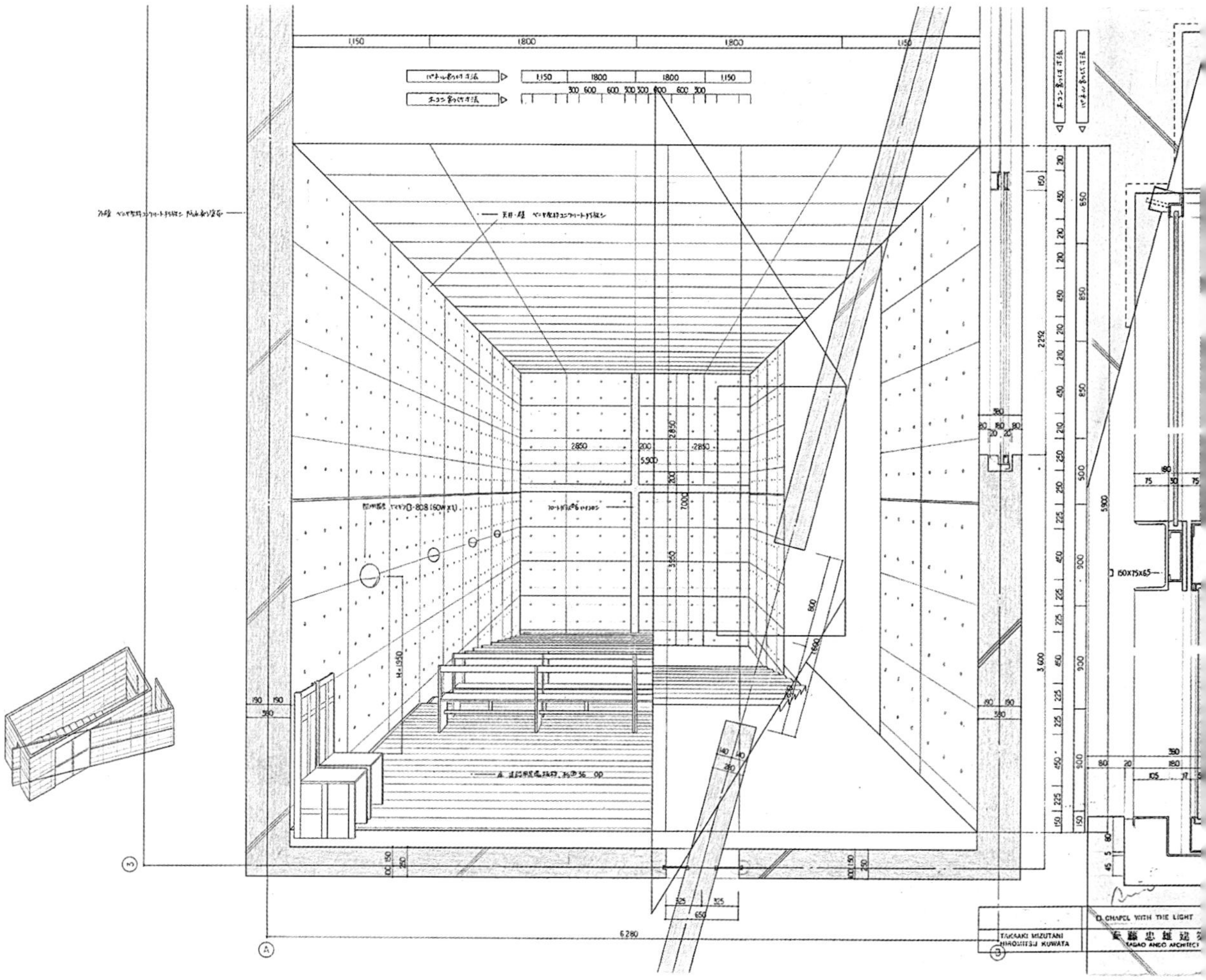

光之教堂堪称安藤忠雄的建筑名片。它是一个占地约 113 平方米，位于一个住宅区的拐角，四周除了一些绿植，并没有什么秀丽的风景。

生活在周围的教众们发起了这个项目，他们的老教堂年久失修，想集资建一个新的。预算只有 3500 万日元，在当时泡沫经济的高峰期，非常不宽裕。了解需求后，安藤忠雄放弃了设计费，但预算仍然捉襟见肘。不过，这也调动了安藤想要“挑战”的欲望。

当时，他已经完成了六甲山的风之教堂，北海道的水之教堂接近完工，那两个作品备受好评，但还不是他想要的那种最纯粹的“神圣的空间”。

而这个项目可能是。

他被教众们的愿望打动，花了整整一年去思考和设计，最后拿出了这个极简到称得上是禁欲

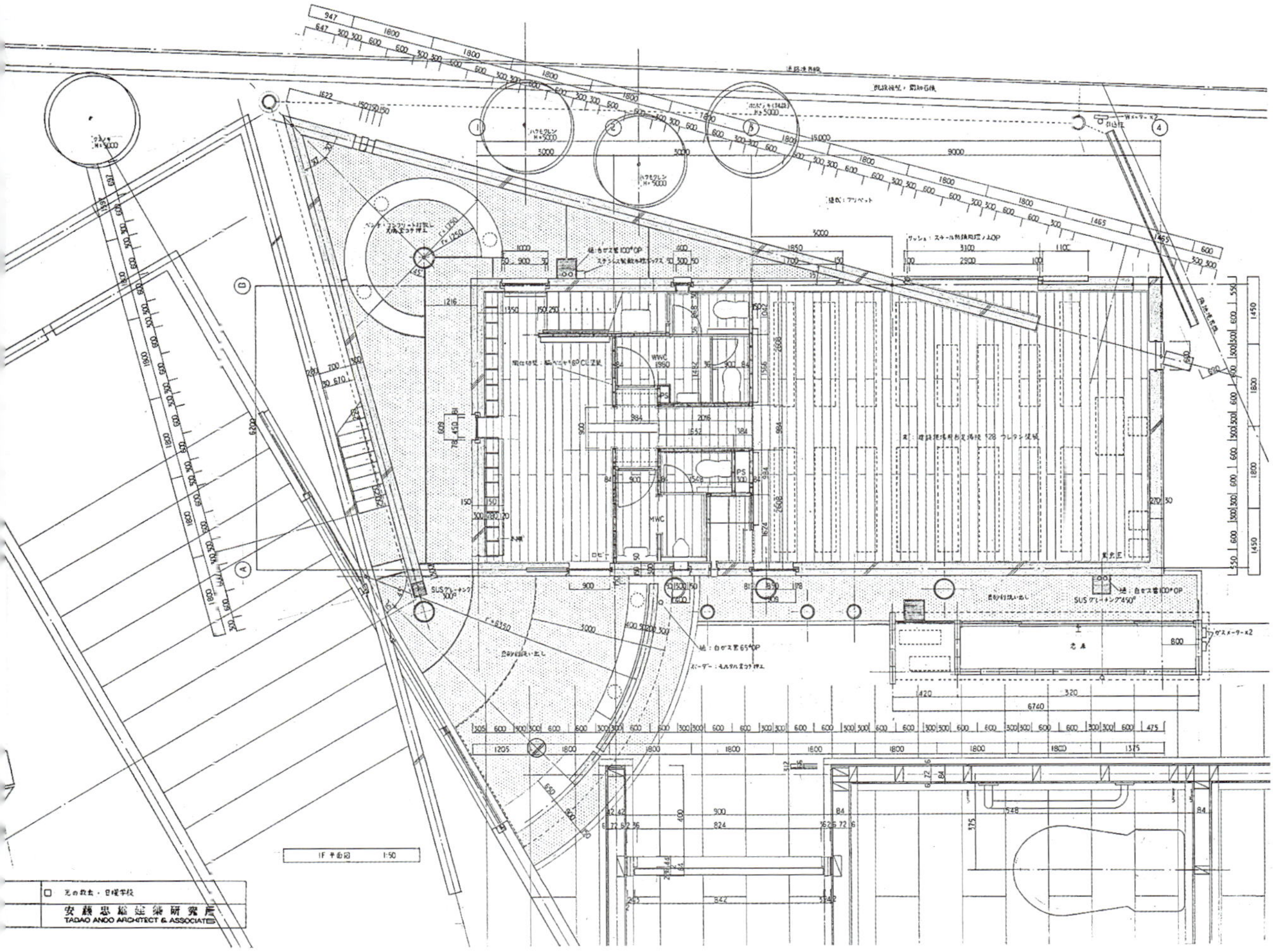

光之教堂（大阪茨木市，1987–1989）

的方案：只有四面清水混凝土的墙体，低矮处的祭坛和用工地脚手架的杉木板做成的长椅。

一个与安藤多次合作、不想挣钱的施工队接了单，但项目还是搁浅了，因为预算只够盖完墙壁。安藤提议说，“那就干脆暂时不要盖屋顶了。”年轻时在巴塞罗那看过高迪没有完工的圣家族大教堂后，他就很为那种紧张的状态着迷，“建筑在完成七成左右的阶段，是最有意思的。那当中含有一份粗犷而狂放的生命力。”他也想做一件未完工的作品。

但后来建筑商赞助了屋顶的费用，安藤的“私心”不成了。

“有时候，人类的意志也能超越经济的困扰。”安藤忠雄在回忆起这座建筑时说，在建筑的过程中始终是意志力在支撑着他。这也是他年轻时看过柯布西耶的朗香教堂后，就一直想要创造出来的“光空间”。只是，柯布西耶的光线强烈而富有侵略性，安藤的光线更温和幽深。

誰のためにつくるのか
何のためにつくるのか

建筑为谁而设计？为了什么而设计？／在光之教堂的设计过程中，因为经济条件极为严苛，所以这个项目让我更深刻、更真切地思考了建筑的本质。通过这一项目的工作，我重新发现，即使在逆境当中，能否得到机会也要看你是否发挥了想象力，其原动力，与业主和施工者等人心中的意志力强弱有关。

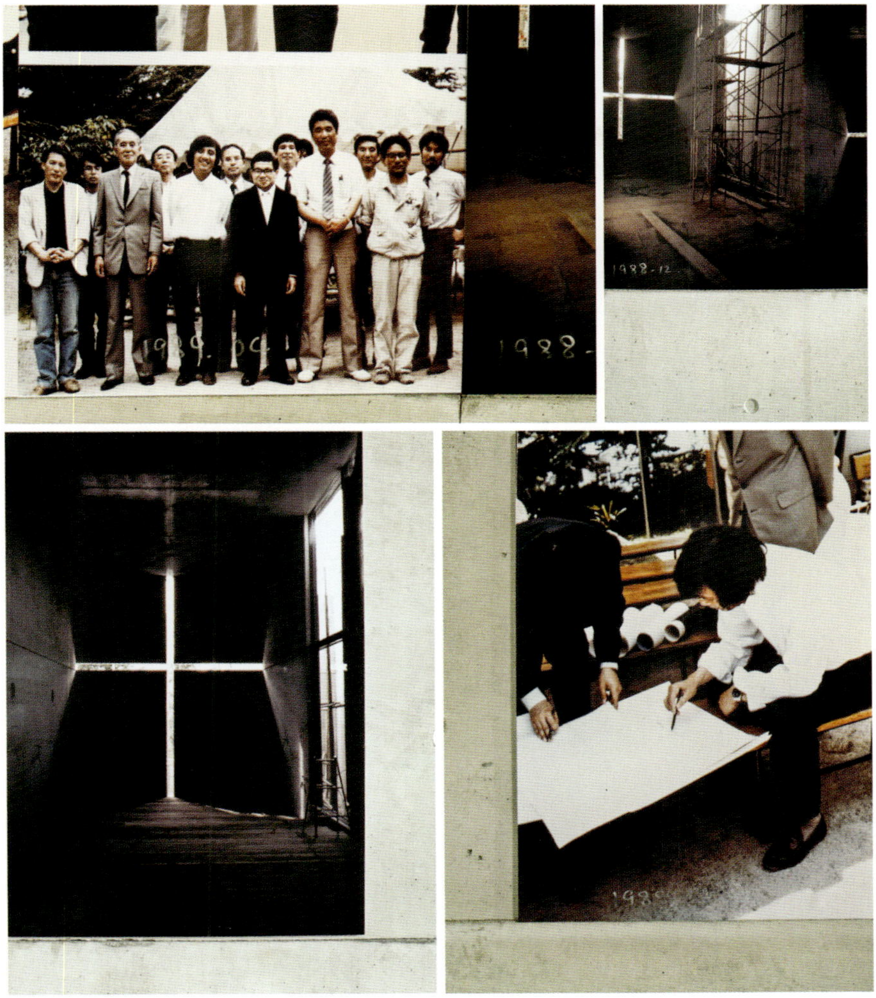

1988 年，光之教堂的建筑工地上安藤忠雄与施工方探讨问题。光之教堂于 1989 年 5 月竣工，从设计到竣工，花了 2 年半时间。安藤忠雄最初建议教众们采用廉价的木造结构，但他们说，“我们请安藤先生来，当然是要用混凝土。”

后来，安藤在签名时，常常会手绘光之教堂，仿佛自己的 Logo。

“就算规模很小，我也要做出可以令全世界引以为傲的建筑。”

光之教堂位于茨木市的居民区中，仿佛是城市杂乱荒漠中的一处绿洲，裸露的混凝土表面展现出一种苦行僧式的朴素感。它只有一个箱子一样的建筑主体，从外部直接进入教堂内部，显然不够郑重。要如何进入一个超越的、让人能够专注于祈祷的空间呢？安藤忠雄创意地将一面混凝土墙斜插入箱子结构当中，这样就在里面祈祷的空间和外界之间置入了一个缓冲的空间，当人们最终进入礼拜堂后，外界光亮终于退却，周围只是一排排桌椅，最前方是一个巨大的十字架空隙。安藤有意让室内保持昏暗，让教众或是观者在里面摸索、等待、沉浸。

安藤忠雄不是任何一个宗教的信徒，但是他明白教堂建筑和住宅建筑一样，是给人们的肉体和心灵提供休憩的空间。他也因这座建筑获得了世界性的知名度。

墙上这两幅很有名的照片，是摄影家荒木经惟给安藤忠雄所拍。当时太阳光正透过光之教堂镂空的十字架缝隙，斜照在安藤忠雄的脸上。他面色冷峻，静静地看着镜头，“good”，荒木经惟按下快门。

随着阳光的角度变化，教堂内的十字架光影会随之移动、变形。教堂内的地板和椅子皆是木造，廉价而朴素，而且，牧师的讲坛不是设在高处，而是在最下面。安藤忠雄以为，“人人平等”的空间体验才是这座教堂的精髓，而非“光的十字架”的设计。

2017 年 10 月，在东京国立美术馆举办展览时，安藤忠雄在展馆旁边按照 1:1 的比例，用同样的材料、工艺复制了光之教堂。

对于原来的教堂，安藤并不想在十字架的部分加装玻璃，但信徒们十分坚持。安藤问他们原因，他们说因为会冷。安藤劝他们说，“就是因为内心觉得冷，所以很适合大家聚集在一起。”但他们让他不要再说歪理了，最后还是装了玻璃。

“但我心想，我一定要把这个玻璃拆掉，在心里时时提醒自己，总有一天要完成这个事。”安藤回忆说，“这次重新盖的教堂，就依照我的想法，没有加装玻璃。建筑的关键是，能否让进入其中的人，长时间地铭记于心。我想创造的建筑，不仅是美，还要能震动人心，与灵魂对话。”

1991年，安藤忠雄和妻子在纽约现代美术馆（MoMA）的展览上与参观者交谈。这一年，他50岁，重建了工作室建筑，开始在国际上拿下更多公共建筑项目。

1995年，安藤忠雄在法国凡尔赛宫的普利兹克奖颁奖典礼上。

<右页图>2009年9月，法国凡尔赛宫的雕塑展上，摆放着一件安藤忠雄雕塑，双手呈准备出拳的姿势。虽然只做过一年半的职业拳击手，但他在建筑生涯中也始终践行“无时无刻不在挑战”的姿势。

“拳击是一种毫不仰赖他人的格斗竞技，比赛前几个月，要为了那一战拼命练习，有时还必须绝食来锻炼肉体与精神。如此赌上性命，独自承受孤独与光荣。”他曾如此说道。

森之教堂（韩国骊州，2011–2015）

韩国京畿道东南端骊州市的一片森林中，安藤忠雄为一家韩国企业建造了一系列建筑，包括画廊、图书馆，以及这个森之教堂。

教堂建筑选址在森林中一块相对空旷的干地上。从森林中向教堂的方向看，只能看到灰色的屋顶在地平线附近起伏。安藤将教堂设置在一个深坑当中，营造出一种宗教式的沉寂体验。除了玻璃和混凝土构成的双重建筑结构外，是使用当地石头砌成的通风井的墙壁，水流会顺着外墙流进水槽，呈现瀑布的景象。正面的玻璃窗可以打开，以保证祈祷者所处的空间与外界大自然的连通。

森之教堂入口

“一个人真正的幸福并不是待在光明之中。从远处凝望光明，朝它奋力奔去，就在那拼命忘我的时间里，才有人生真正的充实。”

森之教堂内景

日

夜

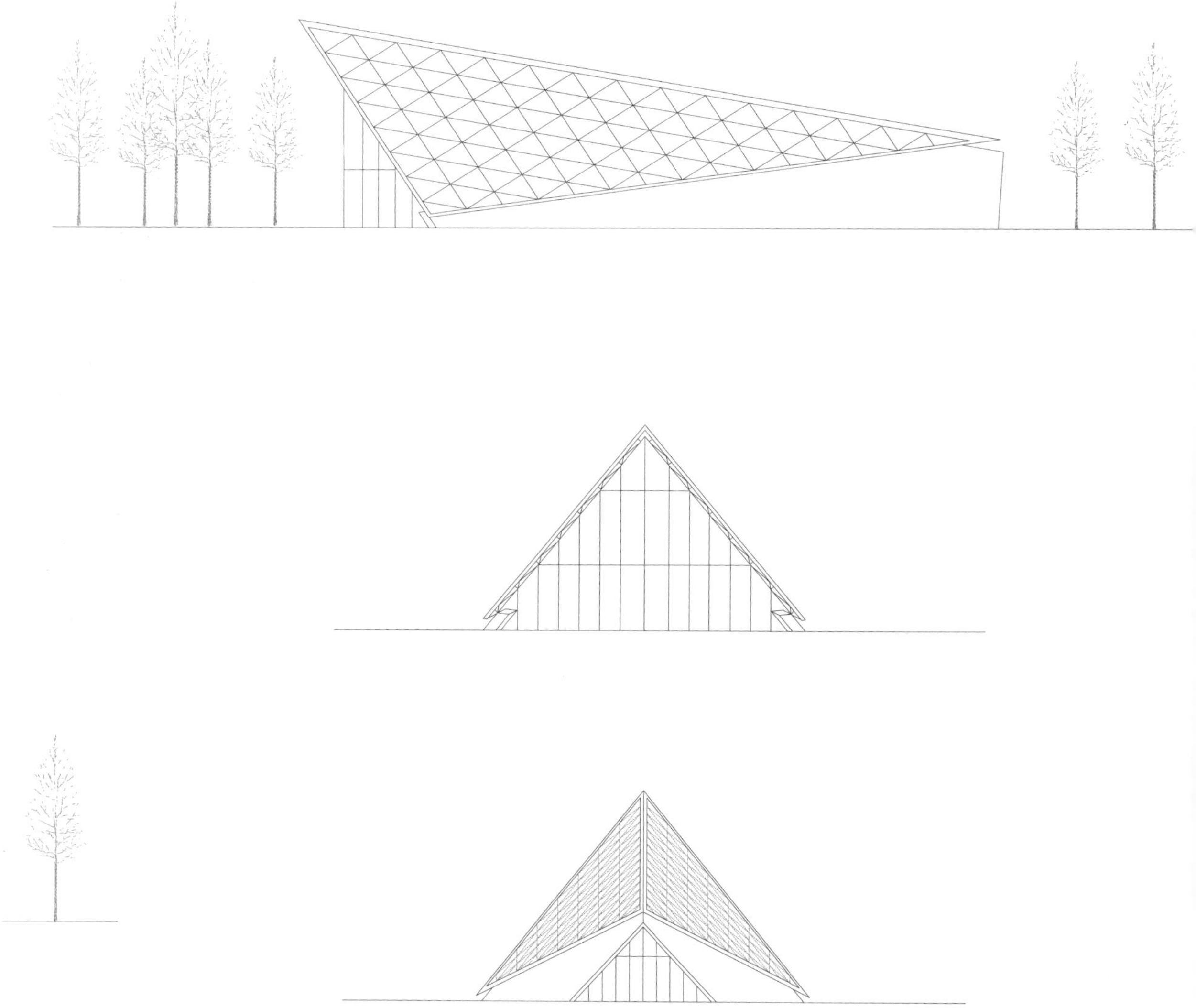

森之教堂画廊（2011-2015）

在前往教堂的道路旁有一个画廊，这是从路上看向它，以及从内部向外看的对比画面。这个空间既可以用作艺术品展示，也能用作温室。

森之教堂图书馆（2011–2015）

图书馆面对一个水塘，也充当了游客的休憩站。安藤忠雄希望这座建筑能够在时间的洗礼中，渐渐地退却它刚刚建成时的冷峻气息，融入大自然，成为风景的一部分。

冥想之庭（法国巴黎，1994-1995）

冥想之庭的建筑主体是一座高度和直径都是 6 米的混凝土圆筒。通过正面的一个长方形入口进入内部，抬头可以看到天花板沿着圆形边留出了缝隙，天光可以随着混凝土缝隙泄下，营造出一种能让人产生丰富联想的光影效果。

冥想之庭的设立，是为了纪念联合国教科文组织成立 50 周年，为了反思战争，体会和平。它要提供给来自不同文化和种族背景的人使用，因此采取了圆形设计。

1998 年，安藤忠雄在他设计的冥想之庭里接受联合国教科文组织的表彰。

涩谷计划（东京，1985，未建成）

在寸土寸金的涩谷建造一栋商业中心，安藤忠雄将视角瞄准了地下，原计划地下 10 层、地上 4 层的设计，虽然因为技术原因未被采用，但仍然展现了安藤对在杂乱的城市商业区中设计公共场所的一些思考。

安藤曾经在印度参观了著名的阶梯井“月亮井”（Chand Baori），他认为那种原本用作储水的特殊井的造型能够运用在现代城市的公共空间中，并给闭塞的空间带来一些生机。在“涩谷计划”这个项目当中，他在外形不规则的用地内，试图利用地下空间，置入圆筒形和矩形来构成一个下沉阶梯式的空间，同时从建筑侧面和屋顶引入自然光，让原本局促不堪的涩谷地带，出现一个具有生机的建筑。这也是南青山 Collezione 商业中心大厦的原型。

akka 画廊（大阪，1985-1988）

这座位于大阪心斋桥附近的商业建筑，外观看起来和周围建筑并无二致，但里面却别有洞天。它的建筑内部有一半是一个挑空的中庭，自然光从天顶射入，直接落入中庭底部，显得整个建筑体量非常巨大。

1982 年，安藤忠雄参加国际建筑设计大会，出席会议的有建筑师弗兰克·盖里、罗伯特·斯坦恩、矶崎新等人。

建筑师彼得·埃森曼回忆道，丹下健三刚说完要给大家引荐两个日本年轻人，安藤就上去了，自顾自地讲自己的设计，“但他英语太差了，大家根本听不懂，不过，他的图已经说明了一切。”

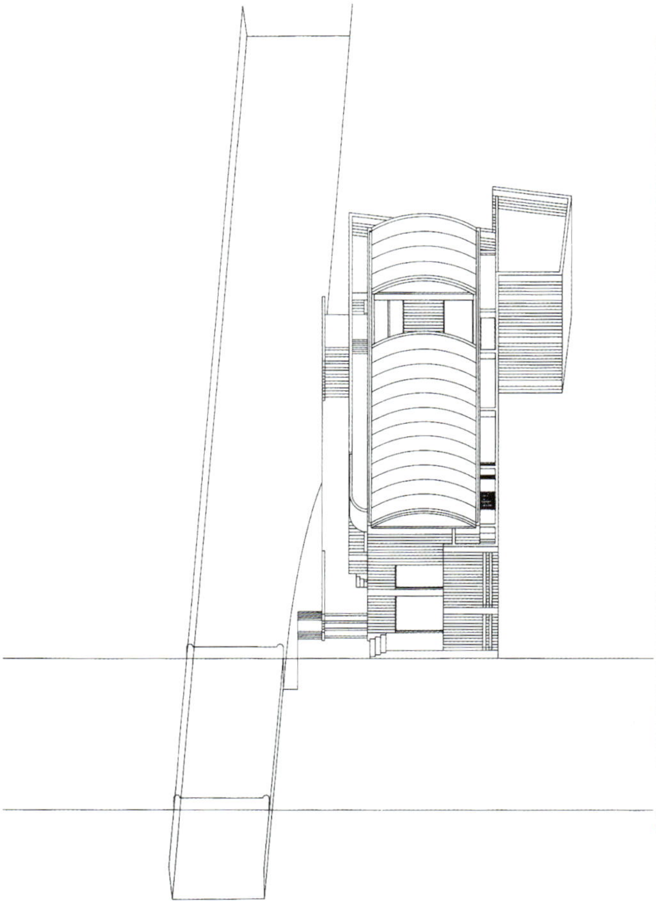

TIME's（京都，1983-1991）

20 世纪 80 年代初，安藤忠雄在商业建筑设计上还是一个新手，京都 TIME's 这座建筑给他带来的最大挑战是在狭窄的空间内保持一种留白之美。

当时，建筑旁边的高濑川也需要进行河流改造，两者正好可以整合在一起。一开始，政府部门禁止改变河堤的外观，但安藤的想法是将河堤进行改造，重塑河道水域的边界，将建筑内部的“空白”——楼梯间、通道等和外界的公共空间连起来。

在第一期竣工七年后，建筑进行了二期扩建，安藤又设计了一条通道，将附近的两条街连起来，形成更开放的空间感。这也是安藤将城市环境和建筑设计相融合的第一次尝试，他试图让参观者能够了解到城市的历史和文化传统，而不是走马观花。

在这个建筑之后，安藤也从早期对都市的拒绝、封闭，走向了开放，主动对都市提出规划、议案，梳理建筑和周边环境以及居民的关系。

不过，因为没有设计通向圆弧屋顶的楼梯，使得建筑顶部的清洁非常艰难，只能在夜深人静的时候搭架子进行。

维特拉研修中心（德国威尔城，1987–1993）

这是安藤忠雄走出日本的第一个建筑设计项目，地点位于德国莱茵河畔的威尔城，业主是瑞士一家著名的家具公司，它在此地建造了一个汇集着弗兰克·盖里、赫尔佐格等七位建筑大师的“建筑公园”，安藤的项目也包含在其中。

从空中俯瞰，安藤忠雄的这件作品并不起眼，因为它接近一半的体量都隐藏在地下。从附近看过去，这座建筑像是土地幻化成混凝土后向天空的微微延伸，含蓄而又神秘。

工作委托给安藤时，业主曾想设计一栋可以用做冥想的建筑物，最终定位为公司管理层进行研讨的场所。但安藤还是将冥想的理念融入到这座建筑中。比如，他将建筑入口的小道设计成只允许一人通过的羊肠小径，人们不得不排队进入，营造出一种仪式感。

陶版名画之庭（京都，1990-1994）

陶版画是一种 18 世纪出现的绘画形式，与油画和壁画相比，具有易保存的特点，非常适合在室外展出。京都的这座室外艺术画廊就采用了这种形式来展出八幅世界名画。

该艺术庭院位于京都植物园一侧，安藤忠雄将建筑设计为嵌入地下，并通过回廊式的动线，将观者从地上引入地下。建筑内部各种人工营造的空间既聚集光线，视线交错的立体布置也能引入外界的自然风，让观众在极为接近自然的环境中欣赏名作。

泰特美术馆竞标方案（伦敦，1995，未建成）

如果你在 2000 年之后拜访过伦敦的这座美术馆的话，可能会惊讶于安藤忠雄对该建筑原初的奇异设想。

安藤这次并没有考虑建筑与周边的历史街区保持和谐统一，他用两根方形的玻璃轴穿过原址的火力发电厂建筑，方向直指泰晤士河对面的圣保罗大教堂。他要用这种造型来“形成一种空间上的能量和张力，和圣保罗大教堂形成一种新旧之间的对话”。

然而，该方案刚开始就不被看好，评委对这两根方形玻璃轴表示难以理解，觉得它根本不实用，建造上也有难度，这样的评价也让安藤很难去说服评委，最后只能勉强回答“确实不太实用”，然后落选。但这个创意后来被他用到东京的国际儿童图书馆。

大谷地下剧场计划（栃木县，1995，未建成）

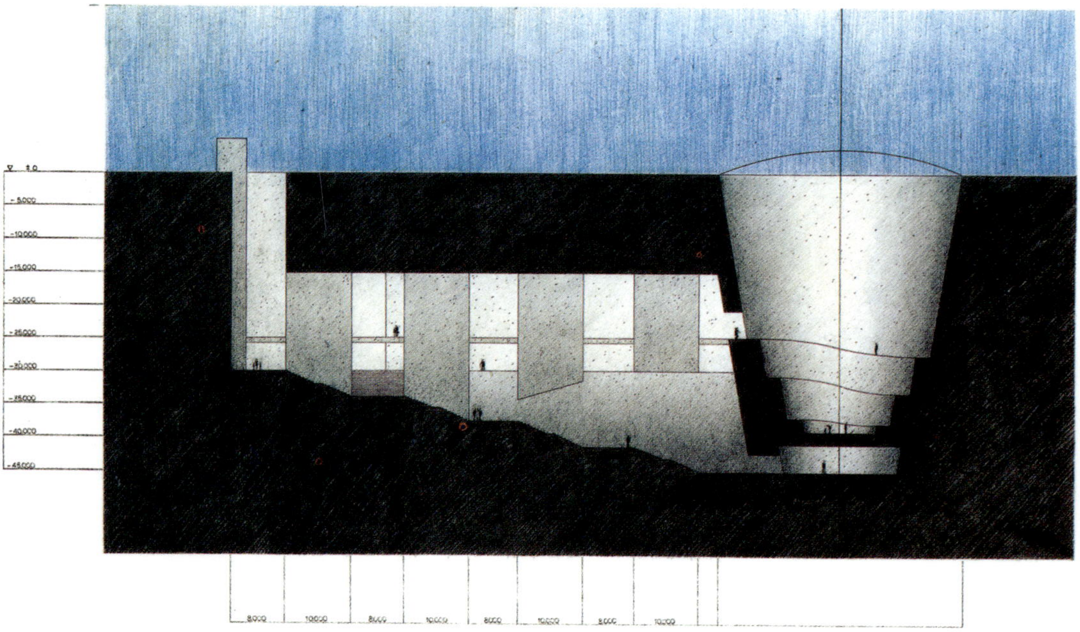

大谷石是一种凝灰岩，产自栃木县宇都宫市西北部郊外，这种石头耐热、耐寒、耐压，材质软，容易加工。到 1995 年时，因过度开采而产量锐减，采石场也形成了一个巨大的洞穴（见右页模型图）。在一次参观时，安藤对这座洞穴留下了深刻的印象，当地的市长也提议让安藤利用这个空间做一点“有意思的事情”。

在没有正式委托的情况下，安藤自行对这个空间进行了设计。他想利用剩下的大谷石资源，进行有计划的开采，并用一边售卖这些资源的资金进行建设。可是当他兴冲冲地开始推销自己的方案时，政府部门却对此方案持保守态度予以搁置。

司马辽太郎纪念馆（大阪，1998-2001）

司马辽太郎纪念馆位于大阪府东大阪市的一处居民区内，建在作家故居旁边。

纪念馆南侧是一层弧形的玻璃外墙，白天随着日照角度的不同，会呈现出不同的风景。随着回廊进入纪念馆内，室内空间布置有高有低，一面巨大的书架紧靠墙面。

“到纪念馆里去看书，这样的场景在现在的日本社会很少见了，社会更重视‘功能’‘结构’‘经济’等元素，并向我们灌输这样一种价值观。像司马辽太郎纪念馆这样的场所，就是对那种价值观的一种‘抵抗式’创新。”

<上图>这是司马辽太郎纪念馆内部书架的设计效果图。安藤忠雄绘图后又在右侧批注道：“每个书架格子高宽为 330 毫米 ×330 毫米；一个格子里用 9 个盒子收纳司马本人的藏书。”他很喜欢在草图上记下对设计细节的描述。

<右页图>纪念馆书架实际建成并摆上藏书后的场景。

“要表现出司马辽太郎读过的书、他买过的书、他的著作等。我想营造的感觉，就是让你好像进入了司马辽太郎的大脑一样。另外就是让喜欢他的人能够在这里度过一段快乐的时光，也给下一个世代的人传达现代社会最重要的东西——自由，思考的自由。”安藤对 Lens 说。

屋外庭院的土地是重新购置的。

“在增建的过程当中，一遍遍地思考并实践自己的想法，也让周围的居民去认识和理解它，参与到这个建筑的修筑过程里来，门外的道路也修葺一新。这个过程是非常日本式的。”“院落里，这里种银杏，那里种灌木，别处再种上阔叶树等，风景能体现出春夏秋冬的变化。”

纪念馆因为有三分之一的体量隐藏在地下，地面上的庭院因此得到了较为完整的保存，在居民区中一点也不显得突兀，很受周边居民的喜爱。

建设在居民区中的纪念馆，也成为社区活动的据点。居民们会定期到纪念馆进行清扫整理工作，馆内也有茶席等活动。

茶屋町综合楼（大阪,1996-2006）

茶屋町位于大阪市中心地带，是年轻人喜欢的购物娱乐去处。高层三角形的部分为酒店和高级公寓，低层多边形部分为商场和娱乐设施。

该建筑 10 层的巨大玻璃落地窗大厅是其亮点之一，安藤忠雄的想法是让人们在都市的喧嚣中，能够在这座大厅中放松身心，远离日常的烦恼。

<右页组图> 安藤忠雄还设计了一处天空教堂，利用 V 字形的顶层落地窗，将人们的视线最终集中到 V 字形的最尖端，营造一种神圣的宗教气氛。

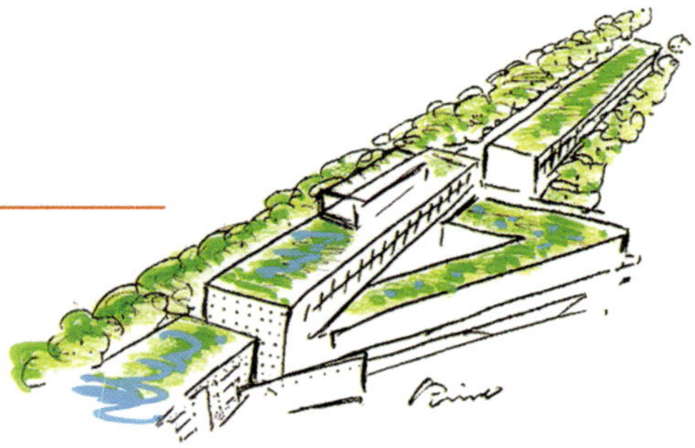

表参道之丘（东京，1996-2006）

表参道是指东京明治神宫前路口到青山通之间一条约 1.1 千米的道路，20 世纪 20 年代后期，日本政府设立的财团“同润会”在这里建立了青山公寓，它是日本较早的西式高级公寓，居住的都是当时的社会名流。“二战”时，这一带在美军轰炸下化为焦土，唯独青山公寓幸存了下来，它也因此成为东京标志性的建筑之一。

2003 年，这座集聚着许多东京人记忆的公寓因为建筑老化而被大部拆除，三年后，在其基础上，安藤忠雄设计的表参道之丘竣工，它是一座商住两用建筑。

安藤忠雄很清楚历史建筑物对整座城市的意义。他让一部分建筑保留下来，并让新建建筑的高度和表参道路两旁的榉树保持一致，玻璃幕墙内部则是一个中庭，从地下三层到地上三层的坡道和表参道的坡度相同，形成一种内外呼应。“让民众在沿着阶梯往上走的时候，仿佛走在表参道上一样。”安藤说。他认为这个作品具有“应对社会变化的包容力，以及连接时光的坚韧特质”。

东京宿舍，安藤忠雄站在“同润会”青山公寓前，不远处，就是他的建筑作品表参道之丘。

HHSTYLE 设计商店店铺（东京涩谷，2004-2005）

涩谷地区，安藤忠雄为一家进口家具公司做了门店设计。因为建筑用地租期有限，只有十年，因此建筑的表现方式也做了相应的调整。

安藤使用了方便装拆的铁材料，运用几何形状，给人留下一种相互重叠的印象。为了内部采光，在建筑外墙的裂缝设计上，也采取了与以往不同的方式。铁板的厚度只有 16 毫米，整个建筑显得更加轻盈。

“在木造街屋旁兴建混凝土办公大楼、在路边摊前面有超现代化的高楼大厦林立，犹如置身玩具箱中的感觉。对初次来到东京的人来说，也只得瞠目结舌、无言以对地成为视觉的俘虏，最后落得身心俱疲的局面。”

2003年，安藤忠雄与玛格南摄影师皮特·马洛同乘一辆车在东京街头。马洛让安藤把头探出车窗，拍摄了这组照片。

在安藤看来，很多大城市的建筑都存在着单一、缺少活力的问题，他想设计的建筑就是要在这无穷无尽的单一中找到能够突破的契机。

21_21 设计视界（东京，2004-2007）

<上图>这座位于东京六本木中城一个公园内的建筑，是安藤忠雄和日本时装设计师三宅一生合作的产物。三宅一生的想法是日本要有一座属于设计师、能展示设计艺术的博物馆。

因为建筑选址在政府部门指定的公共空间内，所以也不能太张扬。从远处看，它在地面上的部分仅仅是一个屋顶而已。这块屋顶以一整块铁皮构成，来自三宅一生“一块布”的时装设计理念，即服装就是从一块布出发，裁剪成立体的样式，在不同的人身上穿出不同的味道。安藤将这块“布”用铁皮来表现，将它裁剪成立体样式，作为整栋建筑的地上外观，建筑的真正体量则隐藏在地下。

“我觉得有‘日本式’的思考方式，但是并没有一个固定的‘日本式’的元素存在。”

< 左图 >2017 年 9 月 27 日，东京国立新美术馆，很少公开露面的三宅一生出席安藤忠雄展览的开幕式。

他和安藤一样喜欢旅行，并且是独自旅行，最喜欢去日本的东北地区，常常感动于那里的自然之美。他和安藤也都有过向西方学习再转而追寻日本之美的历程。“我发现在朴素的生活中，可能反而有强大的力量。”三宅一生说。

安藤则是在年轻时就有过环游日本的经历，在那时就感受到日本人是把生活周边的环境看得很重的民族，也是尊重文化的民族。

在追寻日本人生活之美的旅行中，三宅一生产生了做“设计博物馆”的想法，并委托给了安藤。

< 上图 >“相比旁边的高楼大厦，这座建筑简直是一个玲珑世界，很不惹人注意。我的初衷就是要在一个看不见的世界里，创造出一个宏大的世界。”安藤忠雄举着画册对 Lens 介绍说，“这座建筑物后面是大树，都是在建筑前就有的树。同样的，比如东京大学的那座讲堂，还有表参道之丘，也是如此，进入建筑物内部，就是进入一个不一样的世界。日本文化在吸收西方文化之后，某些东西会保持西方的原样，但有些元素会转化成日本文化中的一部分。”

安藤说，“要用一块铁板制作屋顶虽然很困难，但日本的建筑技术与施工质量应该不会有问题，所以我还是决定坚持这一方案。”

设计博物馆的初衷是鼓励和收藏杰出的设计，相关的展览才是安藤忠雄营造的这个沉静空间的精华所在。上图中举办的是《东北的饮食与居住艺术》展览，它展示了日本东北地区的衣食住行，以及生活和自然之间的紧密联系。

下图则是 2016 年 11 月举行的展览“设计的解剖”，展示了日本人日常接触到的商品设计中隐藏的设计美学。

博物馆的名字源自欧美国家把优异的视力称为“20/20 Vision、Sight)”，策划者们希望把“21_21”设计成展示未来设计方向的地方。

设计博物馆通往地下展厅台阶旁的墙壁上，嵌入了一块全日本最长的双层玻璃，长达 11.44 米，把窗外错落有致的绿植框成一幅长卷，一个踩着滑板车的小女孩，俏皮地骑过来，一位时髦的女士在右边即将入画，长卷变成了宽银幕。

东京大学情报学环福武大厅（东京，2005–2008）

东京大学本乡校区是东大历史最早的校区，校园内多为明治年间种下的大树。2008 年，为纪念建校 130 周年，他们邀请安藤忠雄设计了这座容纳 200 人的讲堂，安藤再次采用将建筑体量埋入地下的方法，这样也保证了建筑融合在了校园既有的风景中。

建筑分为地上地下各两层，高度没有超过周围的树木。混凝土外墙名之为“思考之壁”，上面留下了一条窗户型的“缝隙”，向内望去，能些许感受到后方建筑的纵深。这种设计和它对面哥特风格的东大图书馆也形成了有趣的对话。

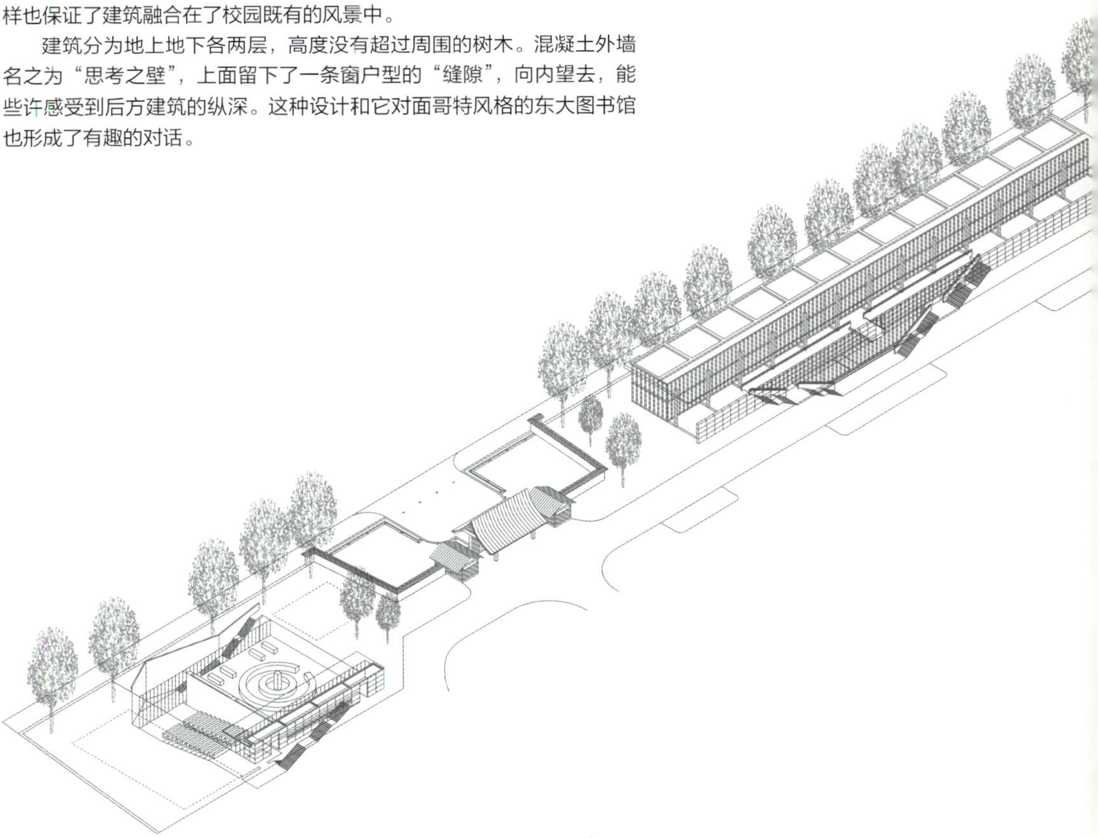

志高く

志向高／（*Boys be ambitious*，意为年轻人要有野心）未来是要年轻一代来创造的。希望他们能够有理想，努力前行。我和他们的朝气相接触，也能感受到巨大的激励，和他们对话的时间，对我来说也是非常宝贵的。

有一点我想向他们建议的是，现实世界要比想象的更加复杂和危险。无论是什么问题，并非只有一个答案。因此，要认真地确立自我，别被一两次失败打倒，要始终向着未来迈进。这样一来，我们的接力棒就能交给他们了。这是我的想法。

2003 年 3 月，安藤忠雄为东京大学建筑专业学生做专业指导。

“光以中标为目的的话，一个建筑师是没有前途的，但一败再败的话，建筑事业也进行不下去，这正像一种赌博。可以说这是和自己在战斗，我们必须拼命思考，去维持理想与现实的平衡，直到最后关头。如果不随时保持紧张感，很容易在一瞬间败下阵来。”

安藤忠雄在自己的工作室中，后面的墙上和桌面上摆满了图纸和模型。大多是当时表参道之丘和一些国外项目的建筑图和效果图。在很多年份里，安藤忠雄都会同时推进多个项目，工作非常紧张。

人が集まる場

人们集聚的场所／第一次造访勒·柯布西耶设计的朗香教堂时，目睹了一座建筑诉诸人心的震撼力量，依然还记得当时自己心中的感动。自那之后，我始终坚信要建造集聚人们的场所，才是体现建筑的要义。因此，我想以自己的方法从这样的场所创造出日本的城市，想出了“留白的空间”这一主题。第一个挑战就是神户的玫瑰花园。

安藤忠雄将建筑图纸夹在臂膀下，站在神户玫瑰花园中庭广场二楼向下眺望。这座建筑是他完成的第一个商业建筑作品。

安藤设计了很多商业建筑。在他看来，随着人们生活方式的变化，商业机构成了人们最常接触的公共空间，就像是“城市的储藏室”。他会通过商业建筑中的通道、阶梯等设施的设计，来创造一些交流的场所。

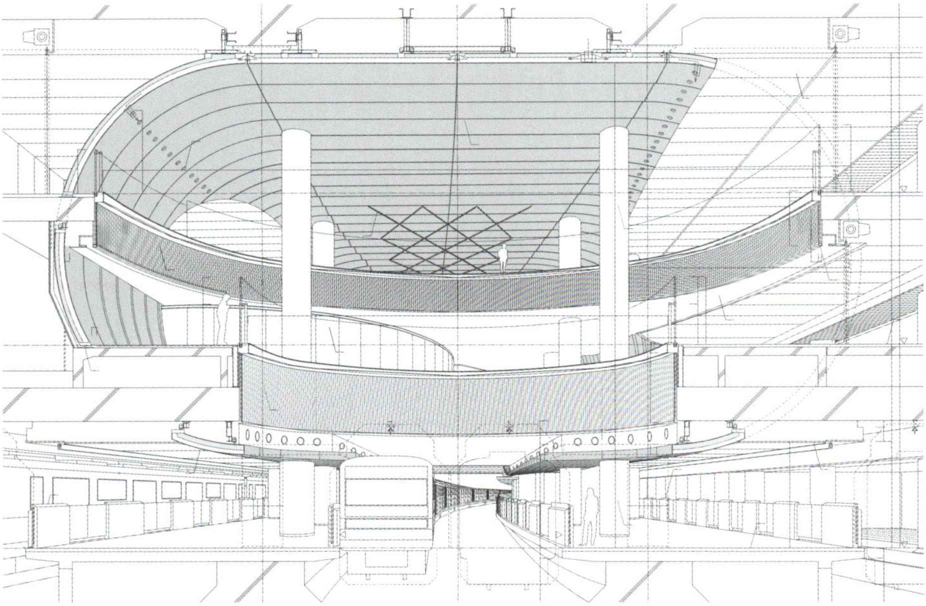

东急东横线涩谷站（东京，2005-2008）

安藤忠雄将一个蛋形的空间置入地下，从地下二层的站厅一直延伸到地下五层的站台，为了降低这个建筑结构上的重量，这个“蛋”采用了比较轻巧的玻璃纤维混凝土，还利用附近的地下采光井，形成一个自然的通风系统。

在安藤忠雄看来，交通枢纽是人们在都市空间中聚集的典型场所，设置能够代表这种空间的留白也有着重要意义。

阿布扎比海洋博物館（阿联酋，2006- 无限延期）

这座建筑和弗兰克 · 盖里设计的阿布扎比古根海姆美术馆，都属于阿布扎比官方的“快乐岛”项目。但因为经费问题，该项目已经无限延期。

安藤忠雄设计了一个贝壳形的混凝土挑空空间，从远处看像是船帆被风轻轻托起，两个角被固定在水庭之上。而水庭下方则是另外一个空间，参观者可以从这个地下大厅看到上方巨大的水池。

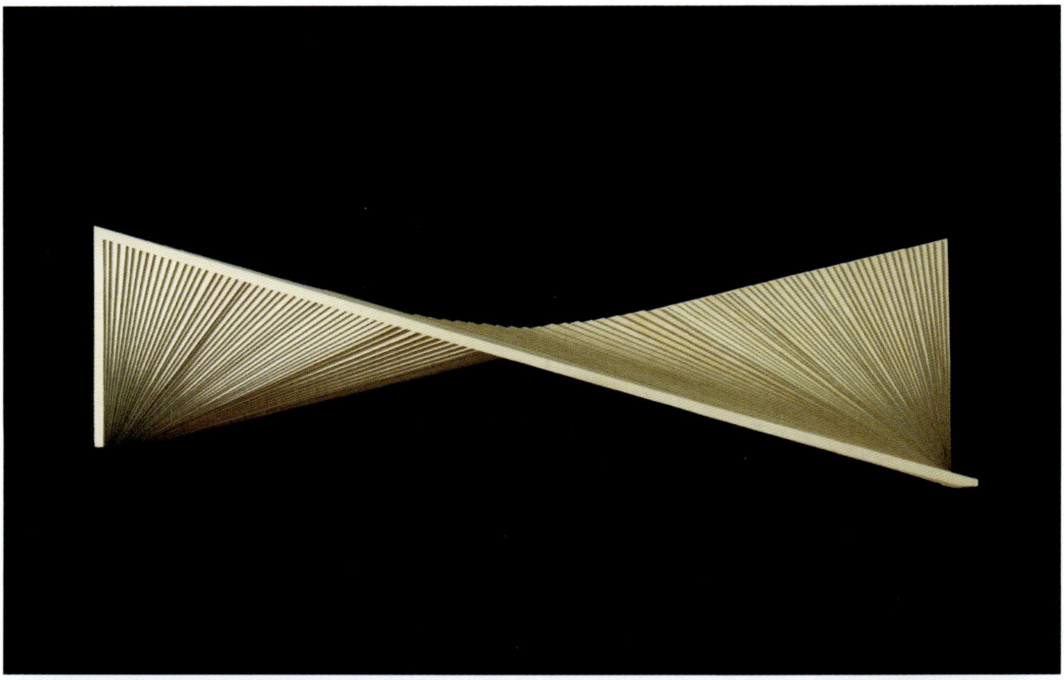

这所大学设计专业的新教学楼，位于校园入口附近，安藤忠雄的设计富有动感，名之为“创造之门”。建筑中的挑空空间，可以作为人们聚集交流的活动空间，也可以向风、光等自然元素借景，使之成为建筑的一部分。

为蒙特雷大学设计专业建造的学生宿舍，从外观看，和阿布扎比海洋博物馆的方案接近，但是这一项目在形态上更加复杂。通过下方空间形成的弧线，将建筑物内部的各个房间立体地交织在一起。建筑有一部分公共空间对外开放，并将周围的环境元素引入进来。

上海保利大剧院（上海，2009-2014）

“在中国，就要建符合中国气派的建筑。”安藤忠雄说。保利大剧院位于上海嘉定新城东侧的公园中，呈现出一个立方体的外形。安藤忠雄用四根直径为18米的圆柱形空间与立方体的四个面斜向相交，形成了剧院的内部空间。

在安藤眼中，上海是一个东西方文化、传统与现代交汇的大都市，需要一个有极强象征性和造型感的建筑，他本人也曾在竣工后考察现场，不时用相机拍下此前只是用图纸来想象的空间。

スピード感覚

速度感／大概在十年前，我正式接手一些中国的项目。到现在，让我感受颇深的是日本和中国在文化上的差异。用一个词来概括的话就是速度感。总之就是走出第一步非常重要，问题在工作过程中解决。习惯了日本那种过于慎重的工作方式的人，心中会不安："这样一来，工程管理能不能认真推进呢？"

但是，我并不是说要在中国建造和在日本相同的建筑。重要的是要在建设过程中"贯彻一种设计意图"。我其实对施工的精度和质量等方面的要求没有那么严谨，反而很期待看到那种属于中国的、充满力度的感性是如何在建筑中彰显的。

在中国，那种彻底的建筑对称样式、与大自然相对抗的排山倒海般的体量感、以及独特的外形及材质感觉等，都有一种大国风范，具有很强的建筑感性特征。其中最大的课题，就是如何将这些优点和中国优秀的文化用现代建筑表现出来，其中的一个手段，我认为是在建筑过程中花一些时间，即与包括人类活动在内的那个场所一边进行对话，一边阶段式地进行建设。如同我在濑户内海的直岛系列工程中所体现出来的一样，花一定时间，不限于某个单体建筑，而是在包括特有建筑在内的空间整体中培育一种个性，我想这样可能会从中诞生一种中国特有的建筑形式。

目前，我在中国的项目大都是新街区建设开发计划中的一部分。对此，我在进行建筑设计的同时，还会考虑建筑用地之外的景观，包括建筑在内的整个场所未来的发展方向等问题，如果有必要的话，我会提出一些软件项目。

对于建筑师来说，最重要的目标是竣工的时候设计夺人眼球。但是对我来讲，建筑的竣工才是一个建筑的开始。刚刚建好的建筑如何和周围的环境相融合，去滋养人们的文化生活，是一个建筑师需要思考的责任所在。所以，即便是在中国工作，这些都是我建筑设计当中不变的课题。

启皓美术馆（北京，2012–2017）

安藤忠雄设计的启皓美术馆。他说他会了解美术馆收藏的艺术品后，再去创作，要让观众能够安静地欣赏艺术家的作品。

中日两国在交流上或多或少有一些问题，但安藤本人却觉得这是一个很好的机会。他对 Lens 说：“只有出现了这种碰撞和交流，才会出现一片新的天地。如果不交流，即便达成了一致，双方也只是平行线，只有相遇、冲突，大家才会思考。我喜欢碰撞，所以我总是和中国人絮絮叨叨地讲很多事情。但我在中国的项目进展得都非常顺利，很少有日本人在中国能够如此顺利，因为我们都能认真地沟通，交锋中就会出现能量和动力。”他喜欢所有事情都简单明了，最讨厌暧昧不清的状况。

① 解读场所：在日语中，“场所”一词的意义和中文有些许不同，安藤忠雄在此处认为建筑应该与周边的环境进行对话。用中文的“文脉”一词可能更为贴合原意。

地中美术馆（直岛，2000–2004）

有一次，安藤忠雄从飞机上看到濑户内海星罗棋布的岛屿上居然植被稀疏，到处都是人工挖掘的痕迹，他就有了将这些不发达的岛屿进行重新改造的想法。直岛是其中的一座。

从 1988 年第一次接到直岛的相关设计请求开始，安藤忠雄在 1992 年完成了倍乐生现代美术馆，1995 年完成了相应的附属建筑，1999 年完成了南寺，2004 年完成了地中美术馆，2010 年是李禹焕美术馆，再到 2013 年安藤忠雄美术馆建成。在漫长的时间里，体会因为时移势易和各种复杂因素而不断摇摆的创作心情，是他早年观看米开朗琪罗花几十年创作的雕塑时，就想要去探寻的。

地中美术馆位于直岛倍乐生公园及现代美术馆以西 600 米处。这次，安藤忠雄将现代美术馆一半埋入地下的理念进一步深入，将其完全放入地下。

在展场内，外界的光线通过突出地面的金字塔式天窗，柔和地散入室内。馆内常设当代艺术家瓦尔特·德·玛利亚、美国艺术家詹姆斯·特瑞尔的作品展，还藏有印象派画家克劳德·莫奈的巨幅名作《睡莲》。

“花了很长的时间，业主的想法非常开放和自由，所以才能建成今天这个样子。我在参与的过程当中，也学到了很多东西：比如，什么是自然？生态被破坏是什么样子的？现代建筑的美到底是什么？瓦尔特·德·玛利亚和莫奈的艺术到底是什么？这些问题，我考虑了一个月的时间。面对客户，我经常告诉他们，给我时间让我思考。现在他们才知道原来是这么一回事。”

参观者从地中美术馆的入口进入后，首先进入一个方形的露天天井，沿着台阶拾级而上，进入门洞后，

紧接着进入一个墙体角度倾斜的露天走廊，再次穿过门洞拾级而下，到达地中美术馆的主要展览空间。

倍乐生之家及现代美术馆（直岛，1988-1992）

倍乐生现代美术馆位于直岛海岸边的一处山丘上，有一半位于地下。参观者踏上码头，就能直接到达美术馆前的广场。从美术馆内，能直接看到濑户内海的风景，三面环海的地理环境，也带来了一种独特的艺术鉴赏气氛。

< 右图 > 瓦尔特·德·玛利亚的作品《所见 / 未见、已知 / 未知》是为该美术馆量身定做的，每个黑球直径 184.2 厘米，重 9 吨。而山坡上有乔治·里奇的装置艺术品《三枚正方形》。

在安藤看来，直岛这组项目能够表达出他对自然、人类以及艺术本质的认识："从自己无限的内心世界中，寻求创新，去创造出自己的世界。"

现代美术馆地下一层中庭摆放着安田侃的作品《天空的秘密》。

美术馆的藏品非常丰富，以 20 世纪 90 年代的名家作品为主，比如杉本博司的《波罗的海吕根岛》等摄影作品。在一楼还有英国大地艺术的代表人物理查德 · 朗在 1997 年创作的《石圆之满月》。

＜左页图＞美术馆室外，海风会顺着建筑墙壁轻轻吹动这件雕塑作品，它会随风展现出各种各样不同的形态。这件作品名为《动态》，来自美国雕塑家亚历山大 · 考尔德。

倍乐生之家别馆（直岛，1993-1995）

安藤忠雄在一本法文杂志目录页的一角，绘出了倍乐生之家别馆的草图。

别馆位于美术馆的上坡，为了不破坏景观，建筑被埋入地下。中间椭圆形的水池，也可用作画廊。在直岛上修建这种大型建筑并不容易，材料和施工人员都需要用船送过来。“正视那样的困难，才能获得宛若建筑插入海洋般的锐利奇景。”安藤回忆说。

安藤记得他和倍乐生董事长福武总一郎一同前往直岛勘察时，这里有些地方还是草木不生，他很难想象会有人来这里参观美术馆。“但福武先生回答我说，别说这种丧气话。我是个技术人员，认为要实现这个计划真的十分困难，但是因为福武先生的热情，让我决定跟随他的脚步。”

南寺（直岛，1998–1999）

南寺位于直岛东侧的本村地区，是安藤忠雄在岛上创作的第三处作品。他对这个地方的传统民居进行了修复、保存，并在一个寺庙的遗址上建了这个木结构建筑，这是安藤作品中比较少见的。它的外墙面使用了与岛上大多数木质建筑相同的烧杉板。

这个建筑被用作画廊，进入屋里，立刻遭遇一片黑暗，观者只能自己去猜测、摸索、适应，十分钟后，前方才会显现出这里永久展示的作品《月球的背后》，来自美国艺术家詹姆斯·特瑞尔。

“这看不见作品的十分钟，你得有你自己。”安藤如此解释他的创作意图。

倍乐生公园（直岛，2004-2006）

为了满足前来参观的游客的需求，直岛系列项目中加入了一些住宿设施，它位于项目的起点——国际露营地。安藤忠雄对既有的建筑进行了改建，又在两侧修建了公园和海滩建筑。整体为木结构，内部也统一用胶合板装修。这是安藤在直岛的第五个作品。

现在，直岛的居民有 2500 人，但每年前往直岛的观光客却有 70 万人。“最重要的还是人的感情与动力。”安藤说，“刚开始有游客来时，岛上的居民会觉得很困扰，当参观人数增加到 7 万左右时，大家开始觉得应该可以赚点钱。人是很有趣的。自然环境也很重要。思考如何在自然环境中生存下去，其实还蛮好的。”

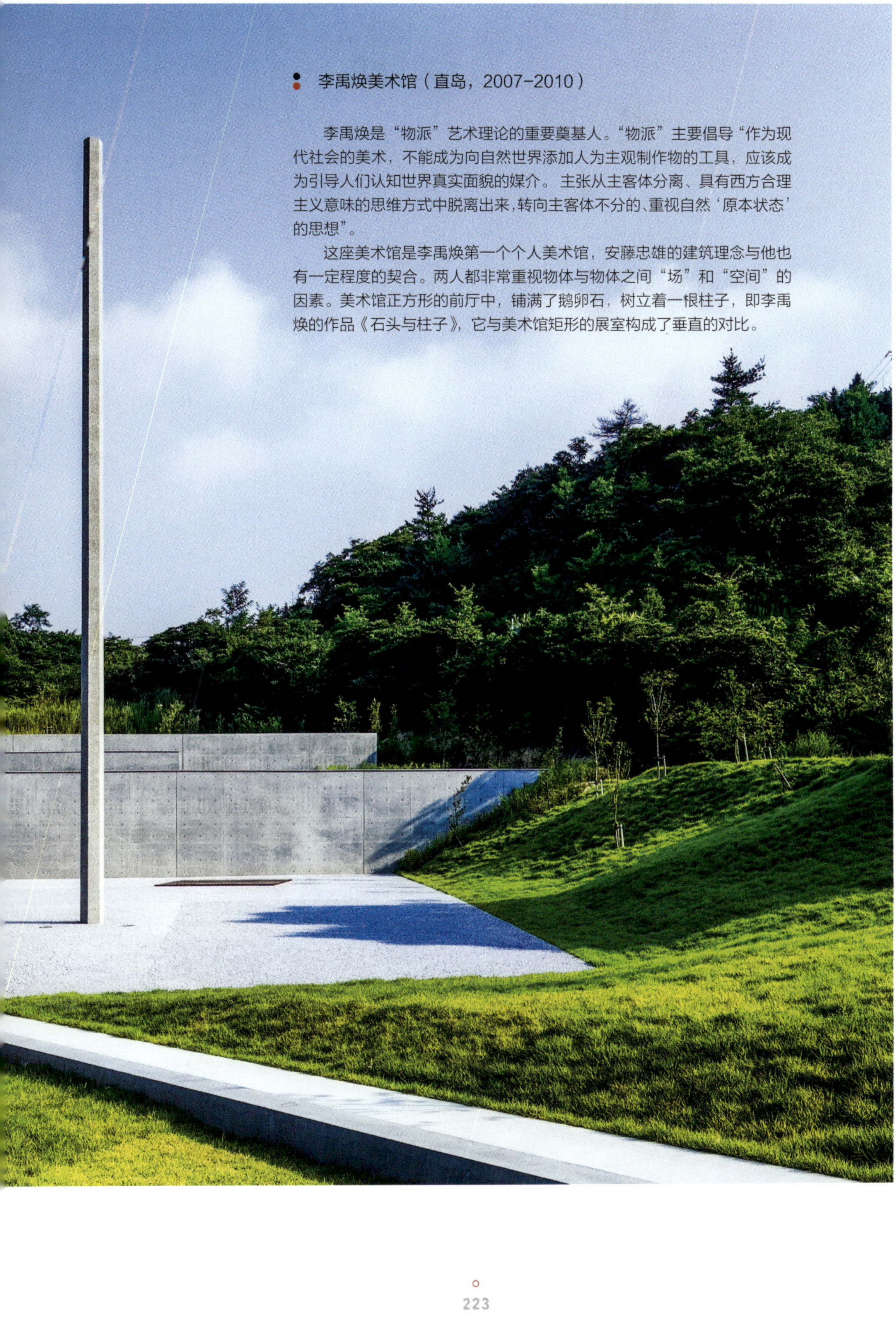

李禹焕美术馆（直岛，2007-2010）

李禹焕是“物派”艺术理论的重要奠基人。“物派”主要倡导“作为现代社会的美术，不能成为向自然世界添加人为主观制作物的工具，应该成为引导人们认知世界真实面貌的媒介。主张从主客体分离、具有西方合理主义意味的思维方式中脱离出来，转向主客体不分的、重视自然‘原本状态’的思想”。

这座美术馆是李禹焕第一个个人美术馆，安藤忠雄的建筑理念与他也有一定程度的契合。两人都非常重视物体与物体之间“场”和“空间”的因素。美术馆正方形的前厅中，铺满了鹅卵石，树立着一根柱子，即李禹焕的作品《石头与柱子》，它与美术馆矩形的展室构成了垂直的对比。

李禹焕美术馆入口。这种曲别针式的入口走廊形式，让参观者进入展厅之前，留出空隙来渐渐进入场景，实现一种浸入式观看体验。

安藤忠雄美术馆（直岛，2012-2013）

美术馆的前身是一栋有 100 年历史的木制民居，安藤忠雄在改造时，将一个混凝土箱式结构置入其中，使过去和现在、木材和混凝土、光与暗这些对立的元素既碰撞，又叠加。

对立和混沌是安藤作品很重要的特质。“对我而言，建筑的概念一直在两极间流动……在内与外，西方和东方，抽象和具体，局部和整体，历史和现在，过去和未来，简单和复杂之间摇摆不定。”这种摇摆让他焦虑不安，但他说，摇摆的幅度越大，最后的作品就会越有活力。

美术馆除了展示安藤知名作品的图纸、模型外，上述的空间体验大概也应被列为该馆的镇馆之宝。

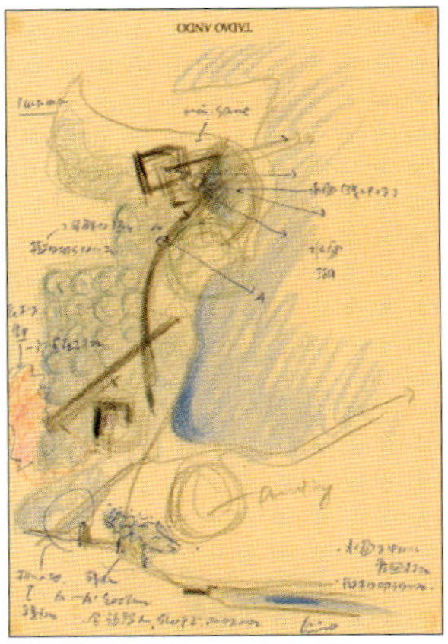

兵库县立儿童博物馆（神户，1987-1989）

作为安藤忠雄早期的公共建筑设计作品，这座建筑算是他在“与自然和谐相处”“融入自然”的设计理念上走出的第一步。

建筑位于一座水库旁，它由三个部分组成：主楼、室外广场、工作坊。连接这些部分的室外小道沿着地形修建，也让孩子们对自然更有亲近感，因此，这一设施在建成之后，经常会有各种室外活动。

1982 年，安藤忠雄在法国建筑师协会的一次宴会上。

安藤从 1965 年游历欧洲开始，就多次去往法国。他亲历过“五月风暴”的狂潮，也为蓬皮杜艺术中心和卢浮宫金字塔深深触动，虽然当时它们在法国都遭受了很大的非议。他确信，“建筑除了为城市增添华丽的装饰色彩之外，还带有活化经济与文化，并构成都市景观一部分的功能。建筑不仅成为都市意象的宣传媒体，也使得人们因为这个意象而得以聚集。”

姬路文学馆（兵库县姬路市，1988-1991）

<右页图>这段水池环绕的斜坡通向姬路文学馆，文学馆被安藤忠雄设计成一个正方体和半圆交叉重叠的样式，从馆中可以眺望到姬路城。

此处原有一处日本大正时代风格的木结构建筑，安藤将其改建成迎宾馆，还在其北边重现了哲学家和辻哲郎的书斋。他将这些元素有机地集合起来，让参观者有一种生动的空间体验，同时通过巧妙设置的挑空空间和斜坡，让观众能够环游建筑内外。

文学馆位于兵库县的城市中心地带，展示的是出身当地的和辻哲郎、椎名麟三、阿部知二等 9 位作家和哲学家的生平和作品。

真言宗本福寺水御堂（神户，1989-1991）

水御堂坐落在淡路岛一座可以俯瞰大阪湾的小山丘上，最引人注目的是一个覆满绿莲的椭圆形大水池。它的下面才是水御堂大殿。

不同于一般宗教建筑的拾级而上，水御堂的设计却是让观者在莲花池的包围中慢慢进入，更像是一种禅境体验。

在电话中，业主描述需求和场地条件时，安藤忠雄的脑海中就浮现了莲池和西方净土的画面。

从寺庙山门前踏上一条小道，在青翠绿阴中迂回而上，就能看到一面混凝土墙的前庭，穿过墙面上的小门，又是一堵墙，在这两堵墙中间形成一个静谧的空间。穿行不久，出现一个椭圆形的莲花池，一段狭窄的楼梯伸进湖中，拾级而下，光线逐渐变暗，再穿过昏暗的通道，当墙面从混凝土变为木头，红色的光亮开始显现，就是正殿了……

接到这个项目时，安藤的光之教堂正接近完工，分别突出风、水、光的“教堂三部曲”就此成型，本福寺的项目恰好将他从基督教世界拉回东方的禅宗。

安藤很快确立了修缮旧寺、在山上新建大殿、来访者要从旧寺出发通往新殿的思路。而且，就像在“教堂三部曲”里对十字架的使用一样，他要找到宗教本质性的东西。

佛教当中最重要的理念就是“极乐世界”，佛经里形容“莲花……永劫繁荣，通国锦绣”。但对于将莲花池作为寺庙屋顶的设计，不少保守的京都佛教僧徒表示过反对意见，因为大屋顶是佛教当中权威的体现，安藤的设计未免太过于前卫了。但是安藤本人认为，传统的宗教建筑应该适应现代社会的需要去进行调整。

因为莲池和海景的存在，这个设计被命名为水御堂。它于 1991 年建成，4 年后，普利兹克奖授予安藤忠雄的评语说："安藤的建筑是空间与形式充满艺术的集合。当参观者漫步其中，没有一刻是可以预见的，他拒绝被习俗束缚。创造性是他的媒介。他个人对世界的看法是其灵感之源。"

那一年，还发生了阪神大地震，安藤将奖金捐给了灾区。受灾期间，水御堂的莲池成了那段时间周边居民的取水源。

近飞鸟博物馆（大阪，1990–1994）

该博物馆位于大阪南河内郡的一处古迹公园内，该地现在有 100 多个石制墓穴，其中 4 座为天皇陵墓。安藤忠雄设计的这座博物馆正是为展示这里的古墓文化而建造的。

整个建筑外形灵感来自日本上古时的前方后圆型古墓，参观者从底部一层的入口往下走，如同走入一个地下空间，整个过程充满戏剧化的新鲜体验。

在建筑顶部有一个突出的构造，安藤忠雄解释“如一座古墓的墓顶，直指天空”。

木之殿堂（兵库县，1991–1994）

顾名思义，它是一座以“森林”为主题的博物馆，主要为了让参观者体验兵库县北部的树木文化。

安藤忠雄的设计尽量减少使用现有的木材，而是用了合成材料制成的柱子和木制结构梁，形成一个高达16米的中空空间。下方是一个水池，向上是露天，形成了一个“天空与水的空间”，并和外界的森林一起形成了互动。上下同心圆的几何形构造和外界绵延不绝的森林形成了一种“矛盾”，凸显出这座建筑物的独一无二。

成羽町美术馆（冈山县，1991–1994）

在山峦和建筑之间，安藤忠雄营造了一片水面，建筑和四周环境倒映其中，“创造出一种虚拟的意象，观众可以同时看到虚和实。”安藤解释说。他还借助正、斜两组组合要素相互穿插，又在墙上开凿了许多洞口，使得空间体验十分丰富。

这里除了收藏出生于当地的画家儿岛虎次郎的作品外，还是当地民众文化活动的举办地。

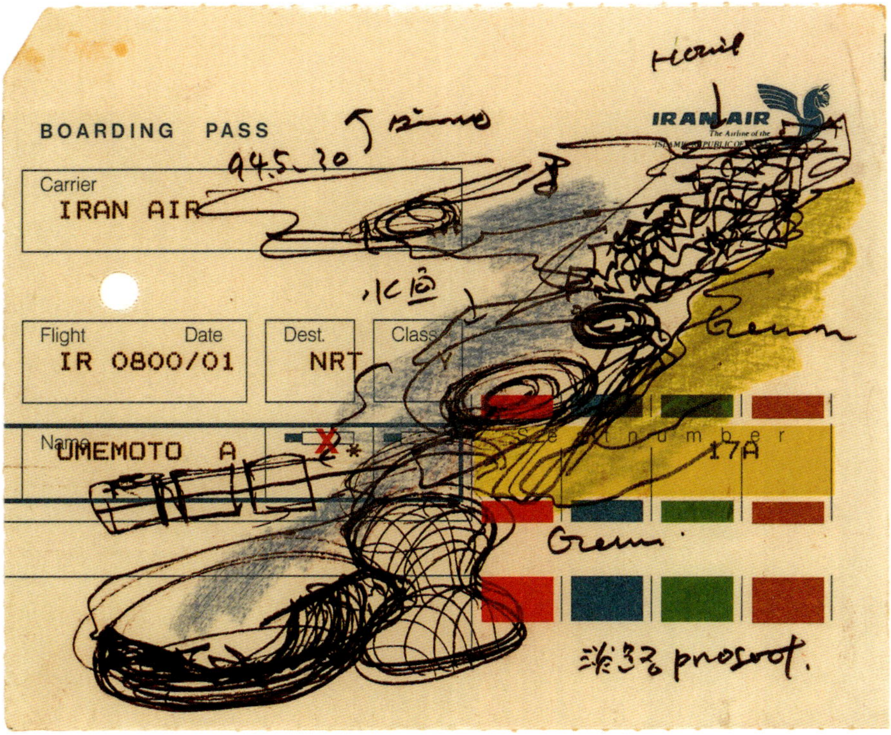

在这张伊朗航空的登机牌上，安藤忠雄用彩笔勾勒出了“淡路梦舞台”的建筑外形和关键元素。

淡路梦舞台（兵库县，1993-1999）

安藤忠雄说这组建筑是他的“建筑集”：各路纵横交错的水池，以及会议场所、酒店、商店、温室、露天剧场等，都有机地分布在一个曾经是裸露红褐色基岩的斜坡上。“在保留日本回游式园林趣味的同时，形成一个带有某种简洁有力、格局清晰的西方庭院特征的结构。”安藤曾这样形容这个项目的设计理念，这也是当时他所承接的最大的一个设计项目。

这是一座综合文化设施，是淡路岛国际公园规划的核心。这片土地的前身是用来给关西机场填海造地的土石采掘场，因此，这也是一次环境重生主题的尝试。在建造之前，安藤组织人们先种下25万株树苗进行复育。后来因为阪神大地震，工期推迟，方案修改，克服了种种困难后终于完成。它几乎展现了安藤此前使用过的所有设计手法。

< 上图 > 1993 年施工前。 **< 下图 >**1999 年完工后。

<上图> 淡路梦舞台国际会议中心，曾经举办了国际园艺造园博览会等活动。
<下图> 位于淡路梦舞台的“奇迹之星植物馆”，种植了很多珍稀植物。

除了镶嵌了 100 万枚贝壳的“贝之滨”，淡路梦舞台最引人注目的是阶梯状的 100 个花坛。这片名为“百花圃”的人工山丘非常壮观，安藤将其称为“1995 年阪神淡路大地震的遇难者纪念碑”。

狭山池博物馆（大阪，1994-2001）

位于大阪南部的狭山池是一座防洪工程，也是目前日本最古老的蓄水池，建于公元 7 世纪。在一次调查当中，发现这个蓄水池的堤坝留有不同年代修缮的痕迹，修改的截面呈重叠结构，因此，大阪市决定围绕它建立一个博物馆，将这段土木技术史“活文物”保存下来，并维护周边的环境。

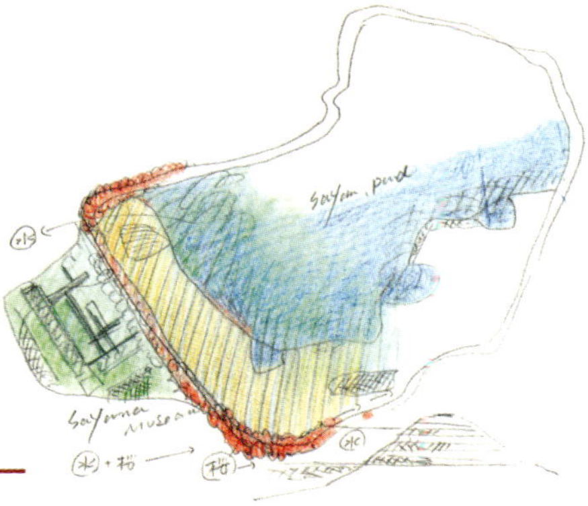

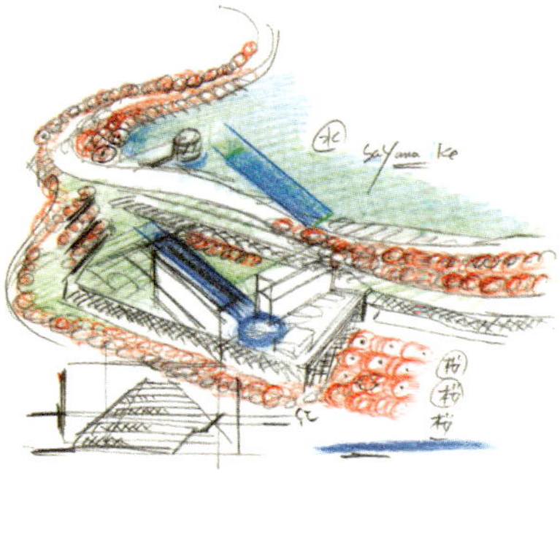

去到狭山池博物馆，最显眼的是通道附近的水池庭院和它两侧的瀑布。安藤忠雄将建筑的主体隐藏到沿着水坝缓缓下沉的平台中，留在地上的建筑仅存引入光线的玻璃楼以及展厅。观众会在瀑布的陪伴下进入博物馆内部。

狭山池的堤岸上还种植了樱花树，也为此地吸引了许多游客。

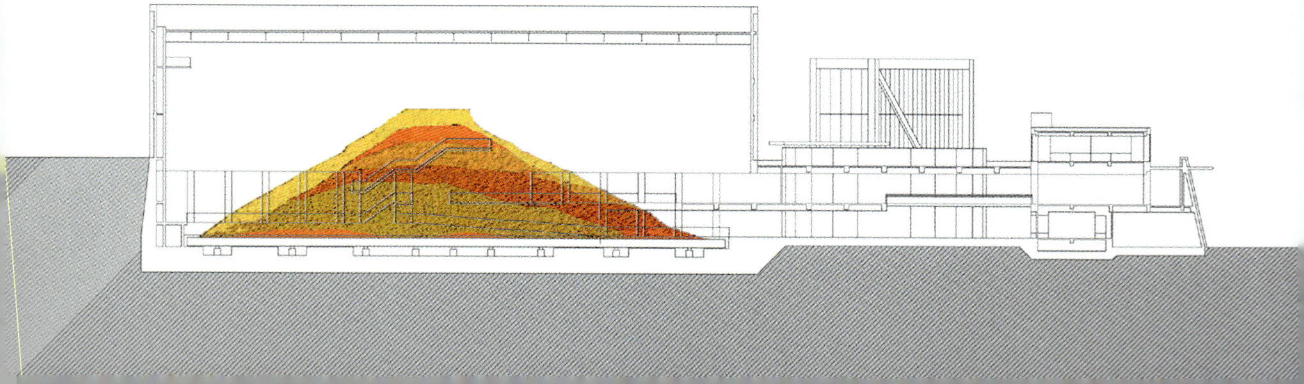

仅存于地上的建筑之一——玻璃楼内部。阳光透过磨砂玻璃进入室内。

狭山池博物馆外的水庭。

在博物馆地下空间里，混凝土的墙壁将古代的狭山池堤坝保护起来。

ELLEAIR 松山宾馆（爱媛县，1996–1998）

对于许多人来说，“酒店”最大的魅力在于它的“非日常性”，这座能够远眺濑户内海星罗棋布岛屿的酒店就满足了人们的这种需求。

为了将“非日常性”运用到酒店的每一个角落，安藤忠雄在主建筑的周围错落有致地添置了泳池、画廊、休息室和咖啡厅等附属设施，通过视线、建筑自身高低交错来构成一种独特气氛，让整个酒店能够和室外的美景融为一体。

布特瓦尔妇幼医院（尼泊尔，1997-1998）

安藤忠雄虽然钟爱清水混凝土，但也会根据当地风土选择材料。这座位于尼泊尔的医院就是采用了当地生产的红砖，在内壁的砂浆面上涂上白色涂料，呈现出了一种不输于清水混凝土的室内氛围。

这座建筑是安藤代表日本，对曾经援助日本阪神大地震国家的“致谢”之作。由于资源条件有限，安藤将病房设计成两列一字排开，并在向阳的南侧设置了走廊，在保证遮阳的同时，又能保持通风，用一种极致的实用主义手法完成了这一项目。

普利策艺术基金会美术馆（美国密苏里州，1997-2001）

普利策艺术基金会美术馆位于美国中部城市圣路易斯，业主是普利策奖创始人的后代约瑟夫·普利策三世夫妇，他们希望这一地点能够成为当地的文化中心，以拯救被之前的郊区开发而毁坏的城市文脉。

美术馆的藏品来自普利策家族的收藏。

“普利策夫妇之所以找到我，是因为雕塑艺术家理查德 · 塞拉与画家斯沃兹 · 凯利的推荐。”安藤忠雄回忆说。

在普利策三世夫妇的家中，到处都放着莫奈、毕加索与马蒂斯的作品。“说来好笑，我在回程时心想，这位老太太真是个很会制作赝品的人啊，但那些其实全部都是真迹。当时我并不知道他们就是以普利策奖闻名的那个家族。”

1991 年，安藤忠雄和妻子一起去美国拜访普利策三世夫妇。通过后来的美术馆项目，他们也成了好友。但美术馆建设并不顺利，中途普利策先生过世了，但普利策太太一直没有放弃。

2014 年的美术馆改建，仍旧由安藤主持。

普利策艺术基金会美术馆建筑内的展示空间。安藤忠雄在设计这座建筑时，预先了解了馆内收藏的艺术家的意见，由他们来决定自己的作品摆放在哪里。但有人要求某段墙长一点，有人又觉得放他作品的空间不合适。类似的意见层出不穷，安藤也不免疲惫，“在情感上会不自主地开始逃避，要往前迈进需要非常大的能量。话虽如此，事实上只有在建筑与现代美术之间彼此激荡、互相刺激的地方，才能创造出与其匹配的作品。”

建成后的展示空间内，艺术品周围一概没有设置铭牌等说明性设施，这是为了让参观者能够尽情地发挥自己的想象力。

< 右页图 > 建筑围绕着一个水池展开，由两栋高度不同的建筑组成。其中有两层的建筑是主展馆，稍低的一个是美术馆的图书室和办公室等空间。两部分建筑之间的水池、绿地以及露台等部分，也可以作为建筑的展示空间，以此将室内外联系起来，形成空间的连续感。

清水混凝土的使用，削弱了建筑本身的复杂性，也将艺术品更突出地衬托了出来。

沃斯堡现代美术馆（美国德克萨斯州，1997-2002）

在美国得州沃斯堡郊外的城市公园内，有两座美术馆相邻，一座是建筑大师路易斯 · 康设计的金贝尔美术馆，另一座是崇拜他的后辈安藤忠雄设计的沃斯堡现代美术馆。后者在项目招标时的要求之一，就是处理好与前者的关系。

安藤用水和绿植营造了一个富有韵律感的建筑。安藤曾说，他想选择像路易斯 · 康那样战斗的一生，沿着自己认定的道路走到最后。“康在生前留下一句话，是我所读到的句子中最喜爱的：……创造，正是源于逆境。”他说。

可想而知，这个美术馆的设计，对安藤有着特殊的压力。他尝试在自己的作品当中沿袭金贝尔美术馆简洁的建筑构成，并结合自己对于美术馆的理解，试图营造一种馆内任何地方都能感受到艺术的理念——“艺术的森林”。

沃斯堡在自然条件上并不占优势，因此，安藤就运用植物和水景来组合。整个建筑由五排平屋顶的长方体构成。每个混凝土长方体外面都有玻璃“包裹”，这样缓和了混凝土的沉重感觉，也加强了玻璃的透明感。类似于日本传统建筑的“缘侧”，在将自然元素引入室内的同时，又能将展厅内的元素和外部做结合。

< 从上至下 > 手绘稿、工程图、模型、施工现场、竣工后。

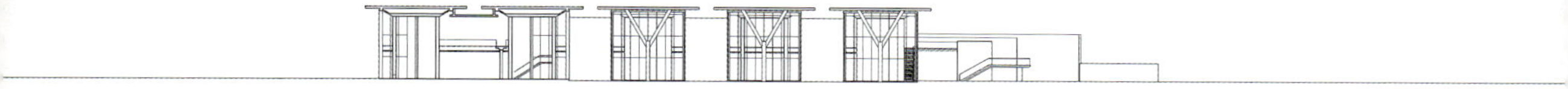

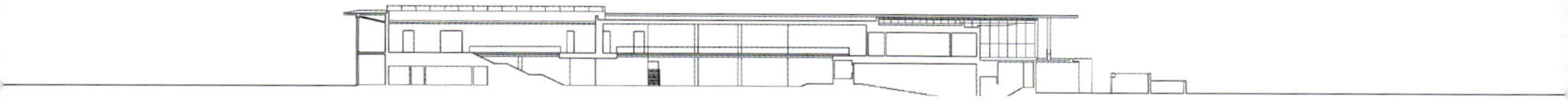

沃斯堡现代美术馆内收藏了安迪·沃霍尔、马克·罗斯科等诸多现代艺术家的作品。

2002 年，安藤忠雄在沃斯堡现代美术馆的建筑工地上。这个项目仍在继续“培育”中，在安藤看来，建筑物需要花费一段时间才能在土地上扎根呼吸。

这个作品的灵感来源于京都宇治的平等院凤凰堂，一个浮在水面上的建筑，他又在美术馆四周以玻璃围绕展示空间，创造出一个双重的空间。

“美术馆落成之后，许多人前去参观，当他们看到映照在水面上的建筑，发现自己的倒影也在其中，都感到十分兴奋，也许是因为这个手法奏效了。”安藤说。

现在，他们将在水池的对面，建造一个低层的画廊，高度维持在二层以下，在新建筑的屋顶栽培植物，以便与计划中的“森林”景观和谐统一。

沃斯堡现代美术馆内收藏的艺术家安塞尔姆·基弗的雕塑《带翅膀的书》。

安藤在世界各地完成了很多美术馆的设计，在他看来，那只是一个外在的硬件设施，展览才是美术馆的灵魂，杰出的作品才能让观者感受到艺术之心。

非科班出身的安藤，受益于旅行和大量的“观看”，他也很珍惜通过美术馆这样的作品与出色的艺术家“对话”的机会。

他还在一次分享会上劝年轻人说：“要到美术馆去看那些作品，要用脚走着去，不要在手机上看。”

兰根基金会美术馆（德国杜塞尔多夫，1994-2004）

这个仿佛浮在水面的美术馆，坐落在德国杜塞尔多夫附近的诺伊斯郊外一片宁静的田野中。

这里曾经是北约的导弹基地，冷战结束后，基地被废除，土地被附近的霍姆布洛伊美术馆的业主买下，进行重新整修，移植了大量景观树木，重现了当地几个世纪前的自然风光，并委托安藤忠雄在此设计一个新的美术馆。

这个美术馆和沃斯堡现代美术馆差不多是同期进行，所以它们的造型语言——混凝土和玻璃的双层结构——也比较接近。

美术馆的清水混凝土墙面外，包了一个玻璃盒子，既增加了新的空间，也保护混凝土免受当地风雪的侵害。

该项目起始于 1994 年，但是因为各种问题，一直延期到了 2002 年，最终得到兰根基金会的资金赞助，项目才终于开工。2004 年竣工后，这里收藏了兰根基金会掌门人夫妇收藏的 800 件从 12 世纪到 19 世纪的东西方艺术品。

这是在克拉克美术馆旁边增设的新馆。老馆创建于 1955 年，里面有印象派绘画等众多收藏，在美术史研究方面也培养了许多人才，是美国最优秀的美术教育研究机构之一，在艺术收藏界有着特殊的地位。

它的所在地是美国东北部的新英格兰地区，地形多为低矮的丘陵，美术馆四周森林环绕，环境非常宜人。

安藤忠雄与自然相融的设计理念在这一项目中得到了充分的展现。他的增建计划将新馆的一半埋入地下，高度大体上与周围的丘陵和树木相当，并利用开放空间将自然空间引入展厅内。新馆位于老馆后方，呈雁阵式结构，两馆之间用水池相连。

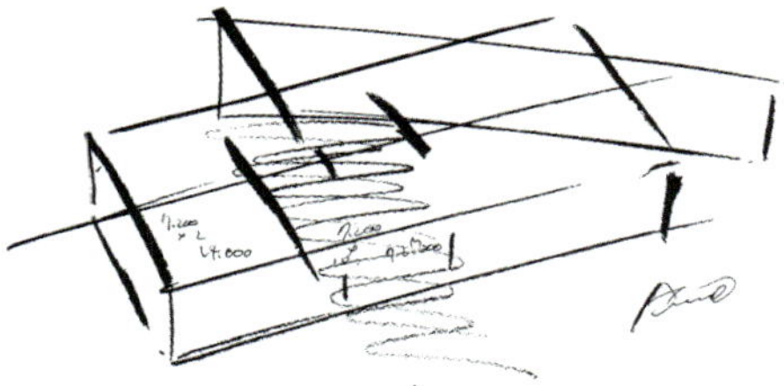

新英格兰地区曾是清教徒在美国的集中地，当地人崇尚实用的传统文化，建筑重功能不重美感，这对安藤忠雄的设计是一个不小的挑战，但他还是用那些没有实用功能的水池，以及突出的混凝土墙壁，给这里带来了一些新的气息。

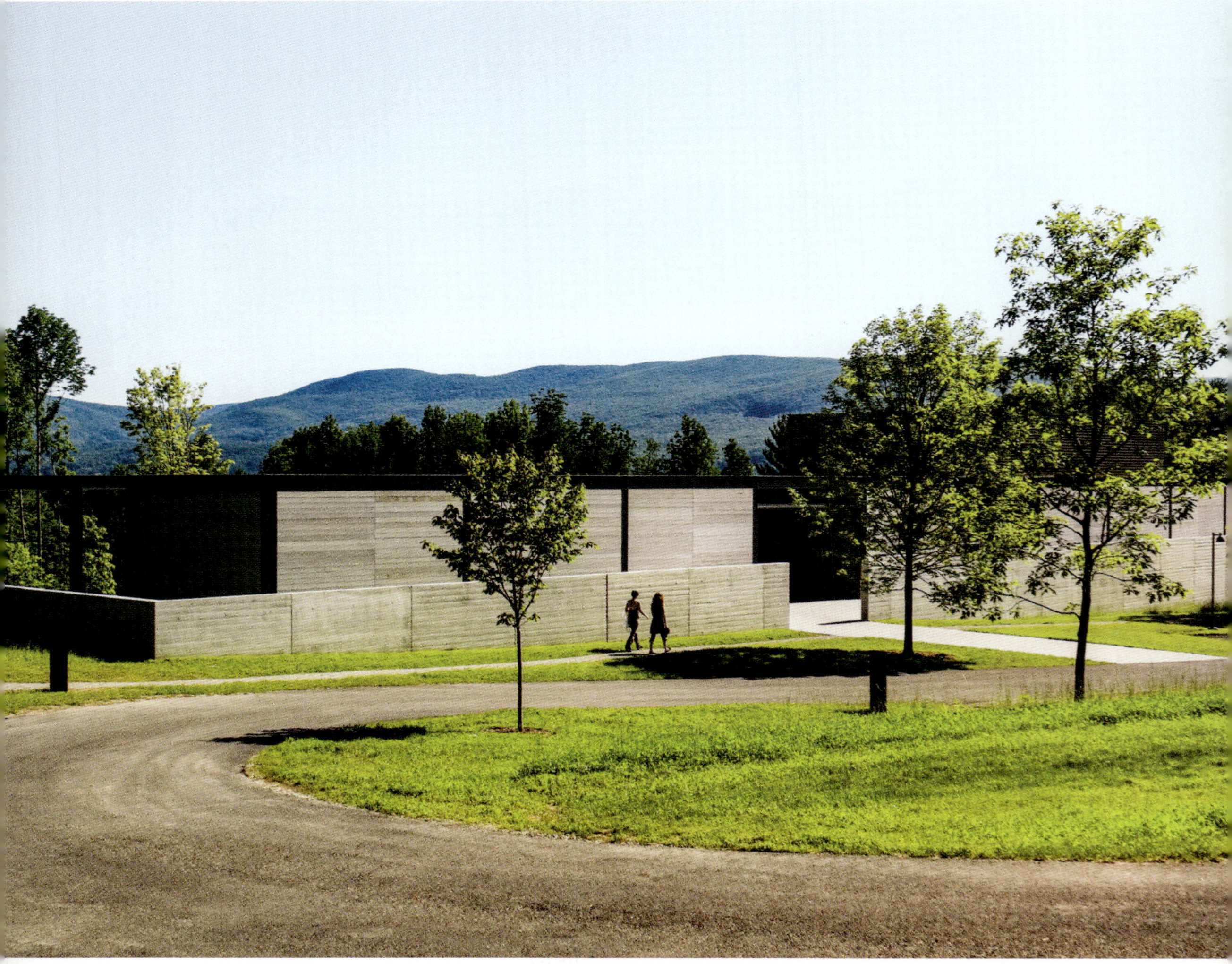

这座耗时 12 年、耗资 1.45 亿美元的美术馆扩建计划，对于安藤忠雄最重要的吸引力是这里的美景和收藏的艺术品。

野间自由幼儿园（静冈县，2001–2003）

幼儿园建造在日本医生北里柴三郎的故居别墅旁，后者拥有一片非常美丽的园林风景。安藤忠雄从这一点出发，设计了一个“与自然共存的幼儿园”，建筑的重点放在一个完全向花园敞开的走廊空间。

这一外廊长 60 米、宽 6 米，由木材铺就，占了整个建筑面积的三分之一，正是激发孩子想象力的“留白”。原本，安藤忠雄想全部用木材搭建，但是考虑到安全等因素，改用其他材料，不过在孩子们能接触到的地方尽量都用木材进行了装饰。

安藤认为，“二战”后，歌颂经济至上的社会，从孩子身上夺走了空地和下课后的自由，将孩子封闭在过度保护的世界里，因此，他希望给予孩子更充裕的时间和空间自由成长。这一外廊的设计可以说是他这一想法的忠实体现。

从空中俯瞰野间自由幼儿园，建筑整体被植被环绕。

在安藤看来，以前的孩子身边有老一辈子人陪伴，家里有盆栽等环境的熏陶，自然而然地就能从生活中学到美的意识和礼仪，现在却忙于上各种补习班，脑袋都萎缩了，所以他呼吁要让孩子更多地走入自然。

磐城市绘本美术馆（福岛县，2002-2004）

这座美术馆的负责人经营了三家幼儿园，并花了 30 年时间在世界各地收集了很多儿童绘本，于是就有了建立一所绘本美术馆的想法。

从建筑的玻璃窗可以远眺太平洋，但内部被混凝土墙壁包围，能够让前来阅读的孩子们有一种静谧和安全的空间感。美术馆内部用若干个楼梯将楼层连接起来，形成一种错综复杂的迷宫感觉，一个拐弯后就有绘本出现，颇有趣味。

SAN 博物馆（韩国原州，2005-2012）

“SAN”是 Space、Art、Nature（意为空间、艺术、自然）的缩写，也是韩语里“山”的谐音。博物馆位于韩国原州市郊外山区的一座山顶，是安藤忠雄和一家韩国企业合作的结果。建筑大量使用了当地盛产的沉积岩。

整个建设用地长达 700 米，呈南北走向的狭长状。安藤将博物馆的入口放在中心地带，参观者在前往入口时，可以顺便欣赏整个区域的风景，因为这里，从入口区域、博物馆区域，到室外石园和雕塑区域，他都分别设计了不同的景观。

从空中俯瞰，博物馆建筑由四个立方体拼合而成，相互以走廊连接，连接部分还会形成一些露天的空间，也为参观者提供休息和放松的场所。周围有水，本馆仿佛漂浮在水上。

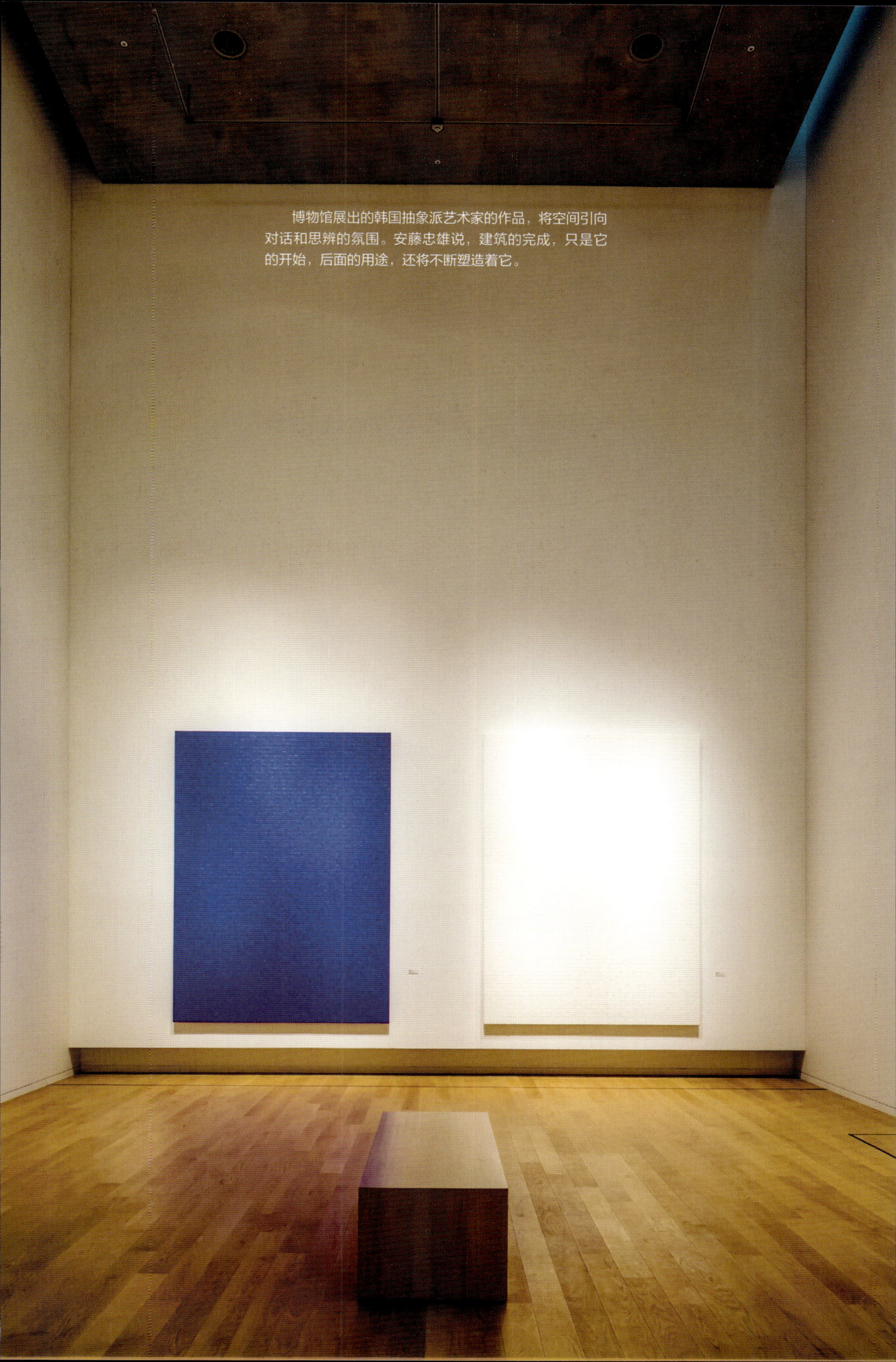

博物馆展出的韩国抽象派艺术家的作品，将空间引向对话和思辨的氛围。安藤忠雄说，建筑的完成，只是它的开始，后面的用途，还将不断塑造着它。

< 本版组图 > 空中俯瞰博物馆外的石园，9 个石丘和众多雕塑作品被放置在这里，它的设计灵感来自古代新罗的墓地。这也是安藤常用的手法。他在大阪设计的近飞鸟博物馆的灵感也来自当地的墓地，他还在中国台湾设计了一座“森之陵园”。

右图中这件雕塑是来自亨利 · 摩尔和乔治 · 西格尔的作品，“坐在两个长椅上的情侣”。

拉古斯城堡美术馆（法国普罗旺斯，2006-2011）

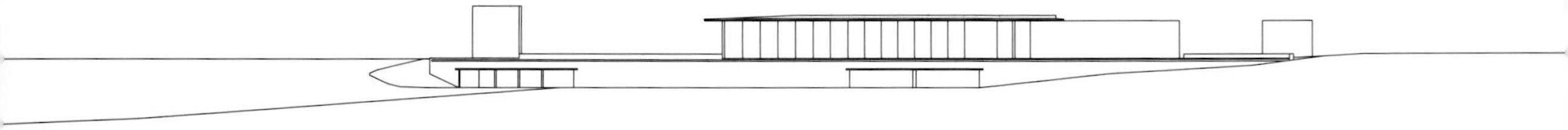

从法国南部艾克斯 - 普罗旺斯的古老市镇向北 15 千米，安藤忠雄在此处设计了一座美术馆，作为拉古斯城堡地区多个建筑项目中的一部分。这一综合项目还有很多著名建筑师参与，比如弗兰克 · 盖里、诺曼 · 福斯特、伦佐 · 皮亚诺等。

安藤这次设计的美术馆面积达到 3000 平方米，“我想创造一个充满水的空间，而美术馆就漂浮在水上。”他说。因为此地是画家塞尚的出生地，对安藤来讲也具有着重要意义。

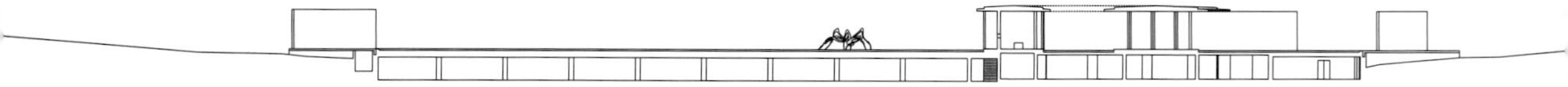

美术馆的一片绿树间，有一个供参观者休憩的长凳。安藤做美术馆，其实也是在做“城市中的自然”。

美术馆的小礼堂，是对此地古罗马时代遗迹的修复工程。玻璃覆盖住的地方是礼拜堂里用来祈祷的空间。

秋田县立美术馆主要是展览当地财团收藏的美术作品，安藤忠雄设计的这座新馆，内部有许多元素和旧馆三角形屋顶的几何元素相呼应。如入口螺旋楼梯上方的天顶、县民画廊中的灯光，以及一段三角形的楼梯设置等等。。

秋田县立美术馆中的水庭具有鲜明的安藤特色。从那里可以看到对面的公园。安藤在之前寻访世界各地建筑时，就特别看重那些水庭的设计。

松本邸（兵库县，1976-1977）

位于兵库县芦屋的松本邸位于一处国家公园中，在建筑设计中，用两面墙壁来作为“景框”，将室外的景色引入住宅中。

这种设计也是对建筑功能主义的一种挑战，他希望这些绿色空间，能够让人们回想起生活的热情，提高对自己生存地区的环境意识，打破现代生活越发孤立的状态。在他看来，最上等的日本园林都不是静态的，而是动态的。园中草木，随季节荣枯，正是这样的变化赋予园林以生命。每次看到那样的作品，他都会自问能否创作出“活的”、随时间而改变的建筑，能够通过瞬间瞥见永恒。

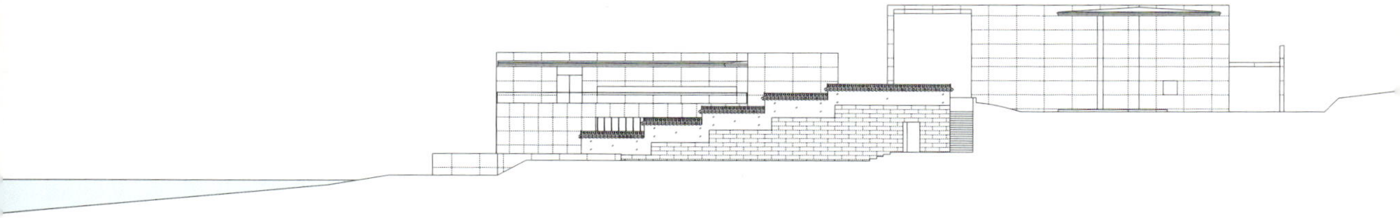

BONTE 博物馆（韩国济州岛，2009-2012）

BONTE 博物馆位于韩国济州岛中部汉拿山西南部的一处高级度假区。建筑主要由两个 L 形的空间组成。南边是主要的展示空间，北边则是相对隐密的私人画廊。安藤忠雄在展示空间的墙壁和行进路线上进行了本土化的设计，试图让参观者可以在参观过程中既领略当代艺术，也感受到韩国传统艺术的魅力所在。

真驹内泷野灵园头大佛（北海道，2012-2015）

2000 年，这片北海道的荒原上就已经存在一座高 13.5 米的大佛像，它重达 1500 吨，整体都是用当地优良的石材打造而成，但这并不足以让它具有名气，所以就放置在那里了。

当安藤忠雄为这个项目进行实地探访时，他被位于荒原之上的佛像震撼了，“我的心久久不能平静。”他对 Lens 说道。

这个项目的业主想请安藤为信徒们设计一个安静的祈祷场所，安藤觉得那很无趣，他想把佛像埋起来。

他设计了一个 40 米的隧道，参观者从外往内穿过这一隧道才能看到大佛的真面目。而大佛除了头顶之外，都被四周的人工土丘所包围、遮蔽。从远处看去，大佛头在山丘顶端露出，低头望着自己眼下的信徒。一开始，宗教人士并不喜欢他的想法，但业主支持他这样做下去。

< 从上至下 > 佛像周边土丘建设过程。

为了完成这个作品，需要先将大佛用混凝土折板包围起来，只露头部的一半，然后在外面建造圆锥形的山丘，又在山丘的表面种上 15 万株薰衣草。整个工程耗时 3 年才完成。

春天来时，山丘上会弥漫着薰衣草的绿色，夏天是薰衣草的紫色和香味，到了冬天，则是北海道的皑皑白雪铺满，静谧而充满禅意。此外，在隧道的入口处，安藤忠雄还设计了标志性的水庭。他认为，这一项目更像是一个风景园林项目，而不是一个建筑项目。

“围绕着建筑，存在着建设方、业主、设计方、感兴趣的人，比如中国、韩国的观光客。中国人喜欢看那种有着宏大壮观感觉的建筑。比如兵马俑那样的规模，那些具有想象力的建筑物，证明具有这样能力的人在公元前就有了，现在反而少了。”安藤对 Lens 说道，“我（建大佛）就是要激发起人们内心中的这种感动，想去设计那种前人没有过的东西。通过那些从未有过的体验，以这种形式将人要生存下去的力量感保存下来，让它成为我们在这个世界上存在过的证明。”

虽然很高兴看到中国网友喜欢这个作品，但安藤接着说，“现在的网络世界，其实是一个自我的世界，每个人都无法看到自己的处境，这样也是有问题的。我相信中国也是一样。网络能浪费掉你人生的一半时间。”

我所思考的“改造”，并不是单一地遗留下古旧建筑，也不是将其替换成新修建的建筑，而是构筑一种新旧建筑共存的状态。从中诞生的新旧对话，连接起过去、现在与未来，为建筑的空间带来全新的生命力。这也就是“旧物（建筑物中镌刻着的记忆）生新（能和未来相连接的全新可能）”的挑战。

我在20世纪70年代末开始运用这个主题，在反复试错当中有了“中之岛第二期项目（城市巨蛋）”“泰特现代美术馆国际设计竞标方案”等方案。虽然这些想法都没有实现，但是前者新旧嵌套的空间结构，之后被运用到了意大利威尼斯海关大楼的改造工程当中，后者因为其新旧冲突的空间感觉，与后来上野的“国际儿童图书馆”项目产生联系。即便是想法没有按照计划实现，但是如果不放弃走下去的话，有时梦想可能会以不同的形式实现。

<右页图> 安藤忠雄在东京下町的唐座建筑工地上。

下町唐座（东京，1985-1988）

< 左页组图 > 安藤忠雄绘制的东京下町唐座建筑横截面草图。

< 右页组图 > 因为是一座临时建筑，目标也是能够在各种环境中搭建，并与环境相融。安藤在手稿中预先把唐座在不同环境中演练了一番。

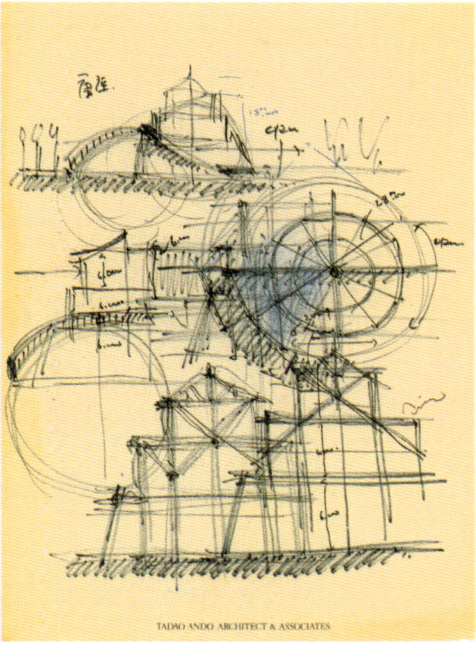

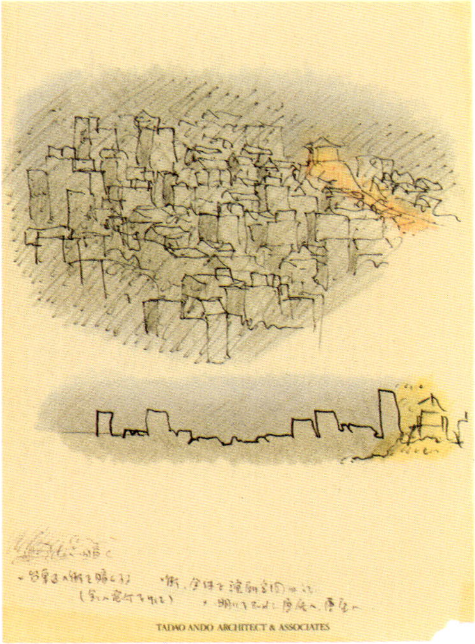

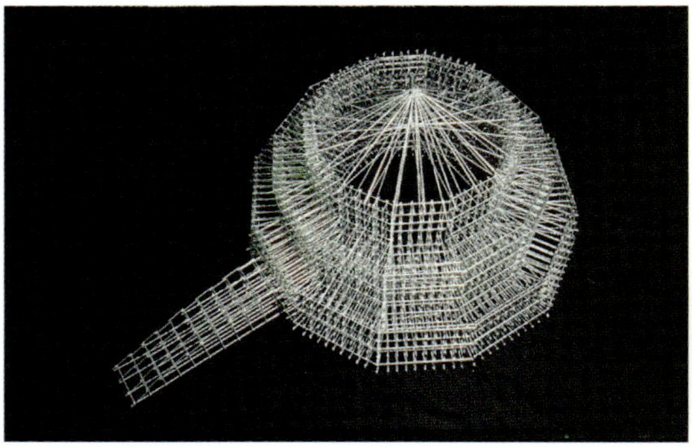

唐座是安藤设计的建筑当中少有的临时性建筑，建造时遭遇了很多困难。好不容易选定实施方案，结果遇到预算问题停工。后来，某企业答应赞助这一项目，将自家企业在世博会上的展馆解体后，重新搬到东京浅草进行再次组装，形成了这个十二边形的平面木造建筑。

建筑的组装过程很短，建完后呈现出了原本工业用料的粗砺材质感觉，这样的形式可以挪用到任何地方进行重新构建，非常符合剧团巡演的需求。不过，在一次正式演出后，它就永远留在了当地。

下町唐座
下町唐座

“如果一个建筑不能得到实现，建筑师应该保留他的超前思想，它会在别的地方变为现实。回顾那些未能实现的方案，我意识到所有的思想都是推动我不断前进的力量之源。”

中之岛计划“城市巨蛋”（大阪，1988，未建成）

设想是在 1988 年产生，第二年公布。具体来说，安藤忠雄想在建于 1918 年的大阪中之岛市政厅内置入一个蛋形大厅，保存现有大厅内部的原貌，只让这个蛋形结构的一个点接触地面，然后将新设施都建设在地下，这样可以保留住原有的历史景观和城市公园，将此处发展成一个巨大的文化集中地。“蛋的意象代表今后将有新生命诞生，就像爷爷抱着孙子一般，也像一只鸟在孵蛋。”

安藤试图用这种“做减法”“看不见的建筑”，来抗拒“消费文化上的贪婪欲图”。“不到二三十年的时间废弃消失掉的建筑并不在少数。既然如此，干脆全都建在地下。”这个想法，在他年轻时于印度艾哈迈达巴德参观“阶梯式水井”时，就已经在酝酿。地下空间的那种宛如时间静止的感觉，让他有永恒之感。

“有人赞成我的提案，但也有许多人反对，叫我不要做这种特立独行的事情，但我认为如果大阪有一栋像鸟在孵蛋的建筑，应该会吸引人来参观吧。”安藤很遗憾地说道。这座建筑虽然并未成为现实，但把“巨蛋”作为聚拢人们交流的空间，这种想法后来出现在他的地铁站设计项目、海关大楼、9 · 11 遗址纪念馆竞标等诸多项目当中。

项目的模型至今还挂在安藤忠雄在大阪的办公室内，这在他的心中有着独特的位置。

塞维利亚世博会日本馆（西班牙,1989-1992）

这座木质建筑是安藤忠雄为 1992 年塞维利亚世博会而设计的。20 多年前他曾旅行至此，对塞维利亚所在的西班牙南部异质文化交织的状态很是着迷。所以，接到日本馆的委托时，他就想到做一个与西方完全相反的建筑，所以用白木作为主要材料。

整个展馆宽 60 米，最高处 25 米，纵深达到 40 米，共有四层，观众从展馆中央的拱桥拾级而上到达顶层，木头的原色展示出日本文化中对自然的重视。

安藤的建筑通常被认为有着单一素材感和严格的几何特性，但他说，自己其实从不遵循某种固定原理，只是把它当作造型手法，“其想象过程、工作的展开并无一定之规。场所状况不同，应对方式也完全不同。”而且，用简单的几何形态去容纳复杂的空间变化，会给人更多的惊喜和探索之感。这种变化往往藏在一些连接处，让人感受到打破传统箱式建筑的张力。

どこにでもあるもので、どこにもないものをつくる

用常见的东西，来创造前所未有的东西／我为什么会对建筑改造项目如此执著？理由有很多，但终极的理由是身为一个创造者的挑战心：“用习以为常的古建筑或者常见的东西，去创造一种让大家都惊讶的东西。”

比如1987年我设计的移动式剧场下町唐座，这是一座用日本建筑工地的脚手架搭建的建筑。虽然是出于工程的便利以及考虑到工业产品带有的那种骨骼气息，还有与剧场那种神出鬼没的气氛相符的原因，更是因为那时心中有一种挑战的心情：“用脚手架这种随处可见的东西，试着做一个别处没有的建筑吧。”

安藤忠雄在塞维利亚世博会日本馆建筑工地上。

< 上左 > 1992 年，安藤忠雄接受卡尔斯伯格建筑奖时，与丹麦女王见面。
< 上右 > 1993 年，安藤忠雄与服装设计师川久保玲在一次聚会上。
< 下图 > 2002 年，安藤忠雄接受意大利罗马大学荣誉学位。

大山崎山庄美术馆（京都，1991–1995）

这里原本是一座 20 世纪 20 年代建成的西式美术馆，安藤忠雄设计了一个深埋入地下的新馆。原来的美术馆，则被他复原成刚刚竣工时的样子，周围以樱花树和红叶衬托，形成一种新旧的对话。

同时，这一片地域附近存留着许多和日本历史相关的遗迹，比如，丰臣秀吉就是在这里消灭了明智光秀。安藤忠雄将新馆埋入地下，也是表达了一种对原有建筑和周边历史文脉的敬意，让人们在若干年后来到这里参观时，不至于产生一种记忆上的断层。

贝纳通传媒研究及发展中心（意大利威尼托，1992–2000）

威尼托是意大利历史文化遗迹集中的地区，安藤忠雄接下这个改造项目的动机之一是想借此机会研究此地建筑，结果遇到了意想不到的挑战。

原址是一座建于 17 世纪的别墅，属于当地的一户名门望族，占地面积达 5.1 万平方米。发家于此地的卢西亚诺 · 贝纳通决定将这里改造成贝纳通传媒研究及发展中心。但在改造前，这一区域的建筑已经破败不堪。安藤对其做了修缮，将新建筑埋入地下，在广场上则用柱子提醒人们：这里是意大利。

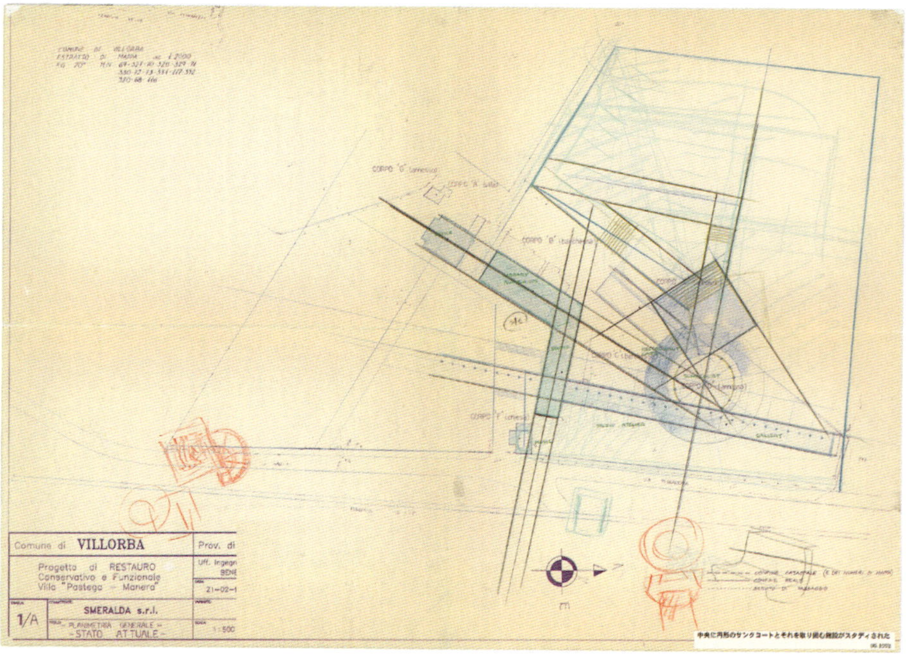

在意大利，历史建筑的保存和修复都受到法律的保护，对修缮所用的材料和工艺也规定得非常详细。从 1993 年到 1995 年，设计及施工方对旧址上的传统建筑工艺进行了全面的调研，其中就包括对 200 多个物件制造工艺的翻新，并在日本和意大利两地各保存了一整套物件。该地区建筑物的地板及内饰，全部使用原先的材料和工艺。

这项改造工程前后用了近十年，其中有不少时间花在了各种法律问题的处理以及和施工方的协调工作上，不过，这样的经验也为安藤打开了参与意大利各种传统改造项目的大门。

安藤将贝纳通传媒研究及发展中心的空间延展部分放到了地下，一部分原因是为了保持乡村风景，提升老建筑的魅力，还能通过地下空间的展开，给年轻艺术家提供一种全新的环境，“给他们带来激励作用，激发他们的灵感，”他说。

而且，下沉式广场在地面上绘出几何图案，和周围的田园风光形成了有趣的呼应。

东京国际儿童图书馆（东京，1996-2002）

这座建筑是 1906 年竣工的上野图书馆改造后的产物。安藤用两条玻璃通道贯穿建筑物，一个在入口，另一个位于三层。这正是他之前在伦敦泰特现代美术馆竞标方案中的创意，这样的设计让这座日本崇仰欧美风尚时代风格的建筑物呈现出一种奇妙的对抗感，也带来一种新生的气息。

石刻博物馆（德国巴登，1996-2010）

博物馆位于德国巴登附近，用来展示沃尔夫冈 · 库巴赫及其妻子的雕塑作品。库巴赫的作品以书籍形状为主，大大小小的石刻书籍或是堆积在一起，或是抽象地扭曲缠绕在一起。

博物馆主楼是修复了一座具有当地风格的山坡形屋顶的仓库，上部保留了原来的木结构，下部使用了混凝土墙壁，外面是雕塑庭院及水池，再外围又是墙壁。2007 年，库巴赫去世，他的妻子接手后，又花了三年的时间才竣工。当地的工匠无偿参与了这个项目。

“从1995年我接受委托开始设计到完成这个项目，中间经历了许多迂回转折，2007年，雕刻家沃尔夫冈·库巴赫去世，即便如此，他的夫人安娜也没有放弃，在她的热情支持下，2010年，这栋建筑竣工，作为纪念，这是我送给她的礼物。”

南岳山光明寺（爱媛县，1998-2000）

位于居民区中的净土真宗寺庙改建计划，对于安藤忠雄来说并非难事。他的构想是将一座木制佛教殿堂修建在水面之上，通过木制格栅和磨砂玻璃的组合，形成一种线性元素的集合。白天，自然光通过建筑物的双层幕墙洒满整个殿堂；晚上，室内的灯光映照在外面的池塘中，呈现出昼夜不同的风景。

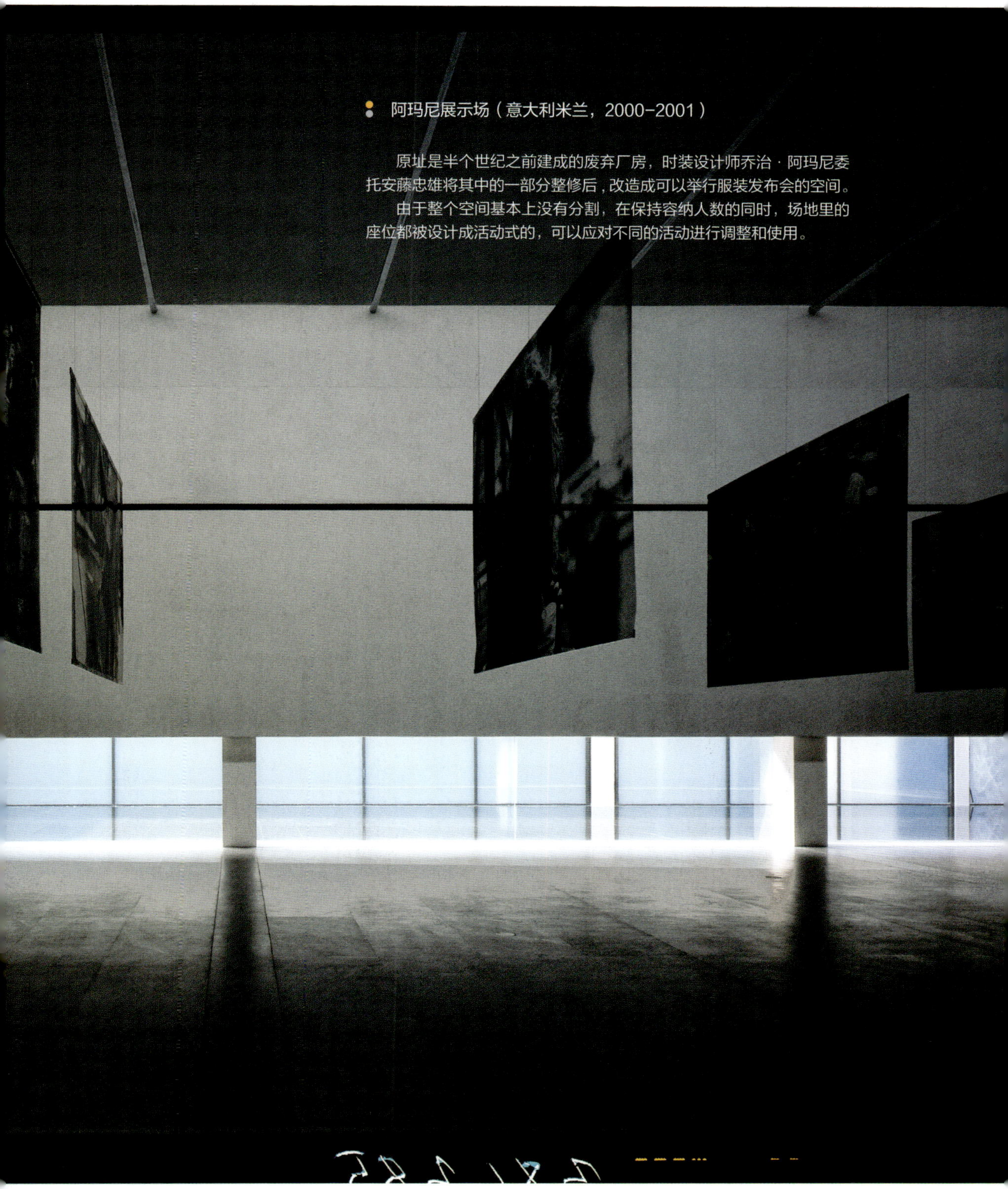

阿玛尼展示场（意大利米兰，2000-2001）

原址是半个世纪之前建成的废弃厂房，时装设计师乔治·阿玛尼委托安藤忠雄将其中的一部分整修后，改造成可以举行服装发布会的空间。

由于整个空间基本上没有分割，在保持容纳人数的同时，场地里的座位都被设计成活动式的，可以应对不同的活动进行调整和使用。

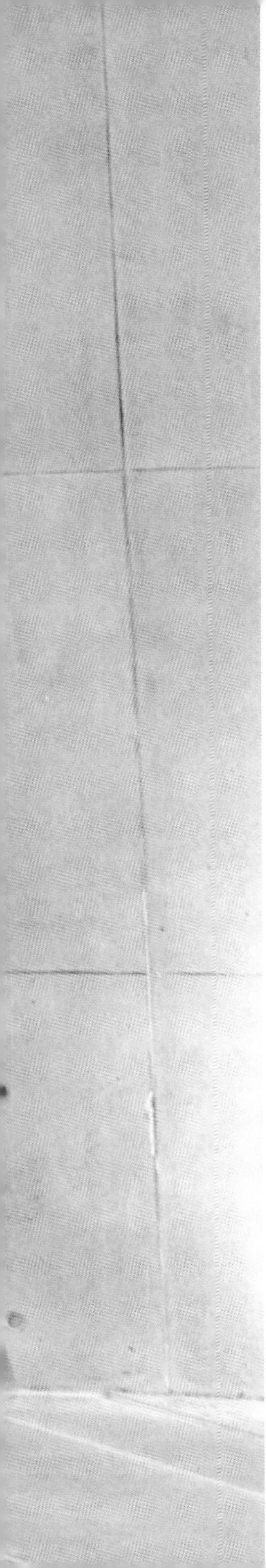

2000 年，在刚建成的阿玛尼展示场，安藤忠雄与乔治 · 阿玛尼一起来到场内。阿玛尼承认这是一个可以让现代时尚与过去的工业风格对话的地方。这里除了是阿玛尼的专用秀场之外，也经常举办一些展览、歌剧等活动。

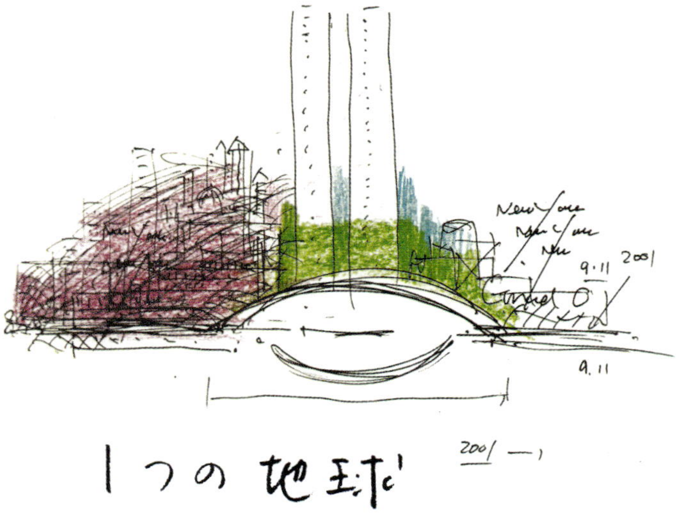

同一个地球 / *2001年9月11日*的那场悲剧之后，在地球表层相互争斗的我们人类，今后要如何相处，相互认同彼此的存在？如何去营造一个世界共同体？这些问题我都进行认真的思考，并将思考融入了“9·11”遗址纪念馆的设计方案中。

要填补城市中一片消失的空间，纪念物不应该是一个建筑。这里应该是进行安魂和反省的场所，必须与所有的经济活动断绝联系。

9·11 遗址计划（纽约曼哈顿，2001，未建成）

安藤忠雄的想法是将此处营造成一个安魂的坟墓，将地球赤道半径的三万分之一作为直径，呈现出一个直径为 200 米的馒头状“纪念碑”。“不去展示经济带来的全球一体化，而是用人们的对话来维系‘唯一的地球’。”

这一想法最终并未被采纳，中选的是迈克·阿拉德和彼得·沃克的“倒映虚空”设计方案。

格拉西宫改造工程（意大利威尼斯，2005-2006）

格拉西宫建造于 18 世纪，原本是建筑师乔治·马萨里为当地的格拉西家族设计，几经易手，最终于 2005 年被弗朗索瓦·皮诺买下。皮诺在退休后将精力放在艺术品收藏上，他委托在巴黎皮诺当代美术馆竞标中胜出的安藤忠雄来进行改造工作：将其改造成为一个拥有 225 个座位的讲堂，可以承办各种文化活动。

“所谓传统，不是看得见的形体，而是支撑形体的精神。我认为，汲取这种精神并运用在现代，才是继承传统的真意。”

在建筑内部，安藤忠雄置入一个白色的立方体结构，作为美术馆和外部的建筑遗迹形成对比，或者说是对话。

格拉西宫二期改造工程（意大利威尼斯，2012-2013）

改造工程的现场，能从拆除后斑驳的墙壁上感受到这座古典主义建筑的历史味道。

意大利政府对历史古迹的保护有着严格的规定，特别是建筑外墙。所以，虽然这次改造只是进行内部的整修，但是当地公共管理部门还是对改造工程给出了意见。此时的安藤已经从之前意大利的各种改造项目中得到了丰富的应对经验，工程的进展顺利了许多。

< 左图 > 格拉西宫二期工程中讲堂外的走廊。
< 右图 > 从格拉西宫屋顶俯瞰威尼斯街区。

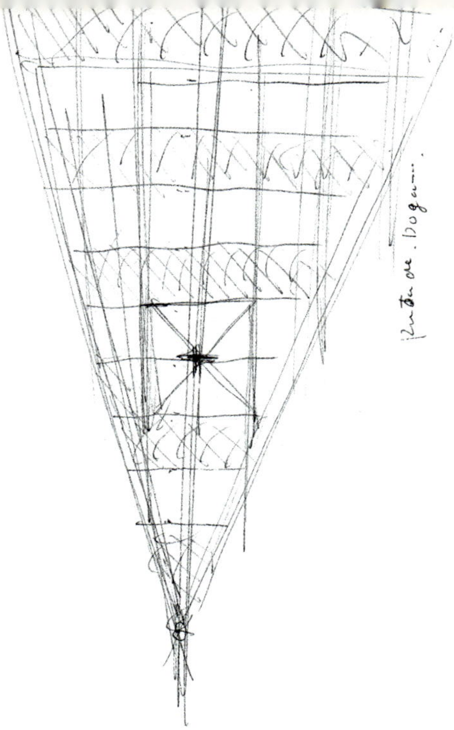

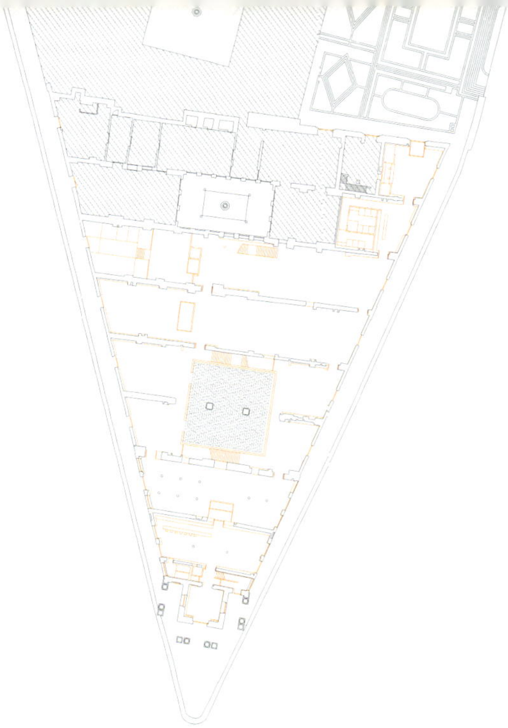

威尼斯海关大楼改造计划（意大利威尼斯，2006-2009）

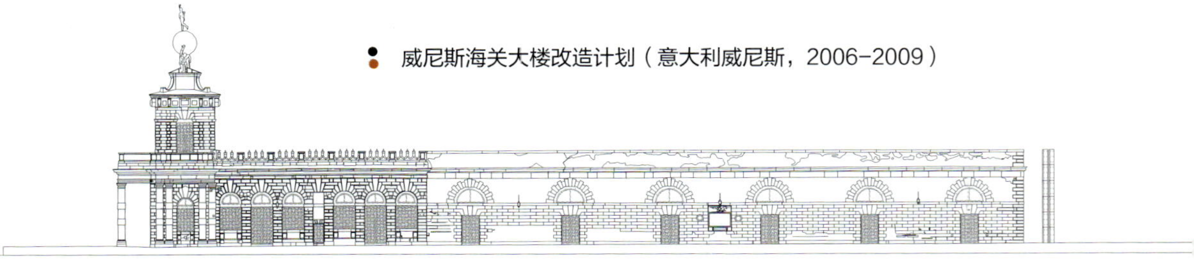

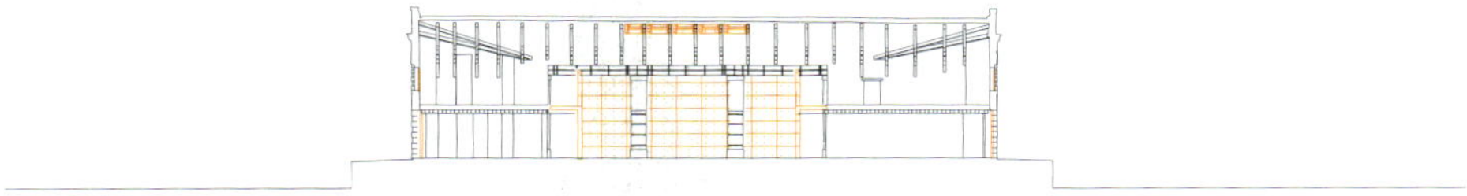

在完成格拉西宫的改造计划后，安藤忠雄又和弗朗索瓦·皮诺的基金会联合提出方案，竞标威尼斯海关大楼的改造项目，他们的对手也非常强大——设计师扎哈·哈迪德。

这座建筑位于威尼斯圣马可广场对岸，安藤忠雄的改造计划是将这座建筑恢复到其 15 世纪建成时的样貌，并将多次改造时出现的隔墙完全拆除，保留木屋架等原先的建筑构件，通过内部裸露的砖墙和木质构架来营造建筑原有的历史风貌。

但因为建筑已经老旧不堪，改建起来非常困难。安藤就在老建筑里插入了一个混凝土墙组成的空间，但这需要在建筑外部设置新的开口。安藤在对建筑外表的红砖修旧如旧时，发现其中有很多前代人在维修时留下的未完工部分，他就利用这些未完工的部分设置了新开口，成为这次改造的一大亮点。

海关大楼改造结束后，门廊内地上的投影和内部的装饰艺术品相映成趣。

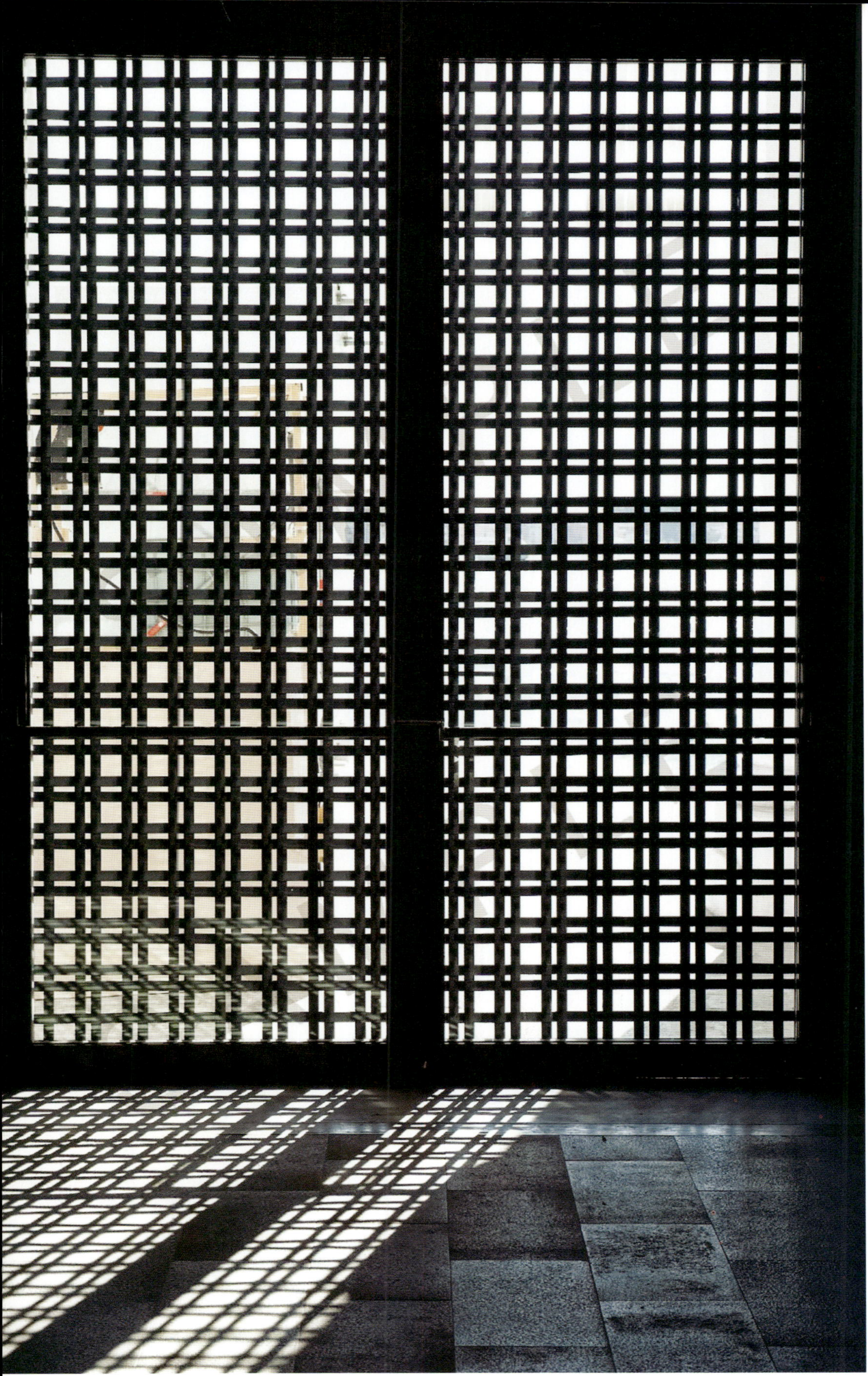

大楼改造后，除了举办展览外，也是三千多件 20 世纪、21 世纪的艺术珍品存放地。

FUJIFILM RAP F 61881 CHBDEC QL

2009 年 6 月 3 日，安藤忠雄和奢侈品集团——开云集团掌门人弗朗西斯 · 皮诺（右二）在威尼斯海关大楼改造工程开幕典礼上。他们前后合作了多个大型项目。

他们第一次合作本来是 2001 年开始在巴黎塞甘岛建造美术馆，皮诺是业主，安藤赢得了设计的机会。他的方案以“城市记忆”为主题，将整块土地建造成架空广场，在上面修建玻璃建筑。但因为市民和政府的反对，项目搁浅了。安藤不免失落，但不久，皮诺又找上了他，建议转战威尼斯，他们在那里完成了三个项目。

“我经常自问，为什么西方人会对我们的作品感兴趣，一切都是同样的，西方面临的问题和我自己的感觉具有某种共同性。也许我的作品对那些追寻人性、文明、文化与自然之间新型关联可能性的人们提供了某种刺激。”安藤曾如此写道。

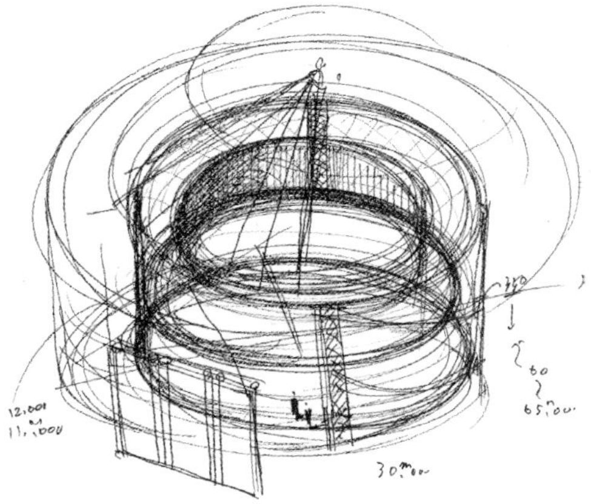

L'axonométrie

<上图> 从安藤忠雄的手绘图可以一窥该建筑的内外结构。

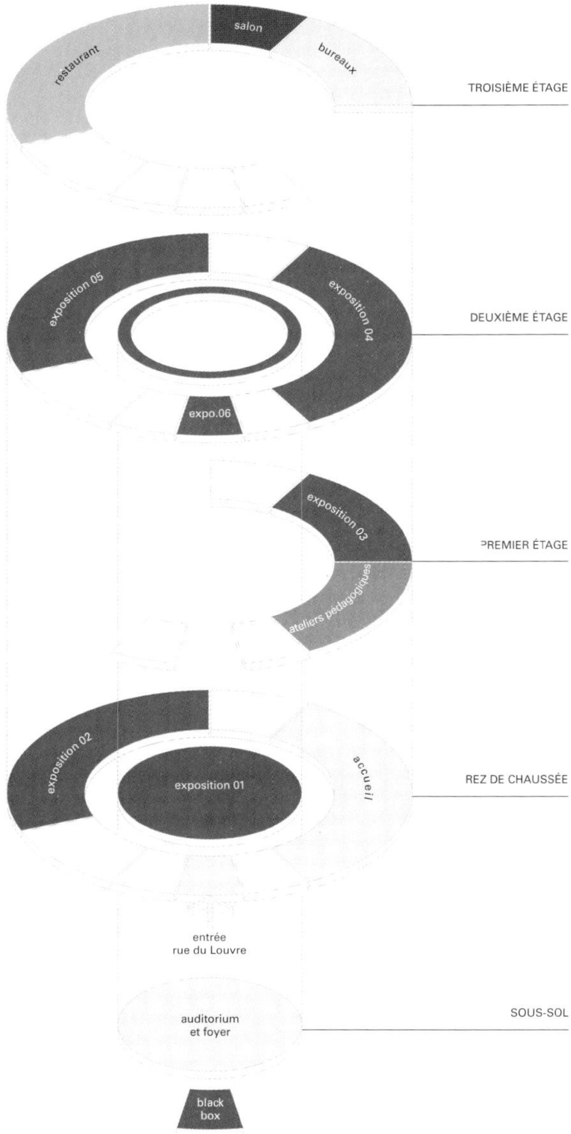

巴黎证券交易所美术馆改造（法国巴黎，2017 至今）

这是安藤忠雄和弗朗西斯·皮诺回归巴黎的挑战。这次，皮诺本人作为原法国证券交易所大楼的业主，计划将其改造成一座美术馆。它的地点位于卢浮宫附近、蓬皮杜艺术中心的前方。

延续在海关大楼时的手法，安藤忠雄计划保持原建筑的内饰，对毁坏部分修复如新，同时他会对建筑的内部空间进行重构。他设计将一个圆筒形的混凝土构造置入原建筑内，这一圆筒在建筑内充当主要的功能区域。从低到高（见左图）分别是：一楼是功能厅；卢浮路一侧入口、1 号展厅、2 号展厅、前台；二楼是学习空间、3 号、4 号展厅；三楼是展厅；四层是行政办公区域。

该项目计划于 2018 年底竣工，2019 年开幕。

“2019 年春天，我想在蓬皮杜艺术中心举办展览，也希望二三月之际，让巴黎证券交易所美术馆开幕，我想我还必须活得久一些。”安藤说。

< 上图 > 为了准备 2017 年在东京新国立美术馆举行的安藤忠雄建筑展，安藤忠雄建筑研究所的职员和实习生们制作了建筑模型。图中是巴黎证券交易所改造项目的木制模型制作完成后，安藤与团队成员留影纪念。

< 右页组图 > 巴黎证券交易所改造项目的设计效果图。

Tall Green
Project
OSAKA 2013/04/01

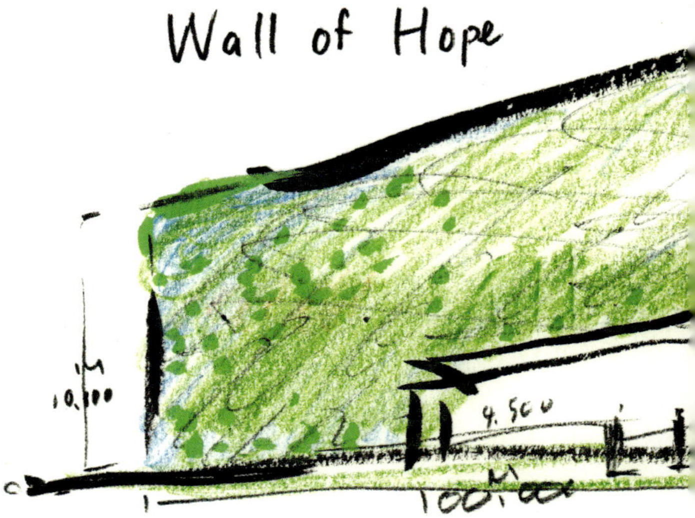

安藤忠雄为什么特别钟爱种树？

在神户的淡路梦舞台开工前，他就启动了一个计划，旨在让此地恢复以前丰富的植被状况。在兵库县受阪神大地震影响的居民区内，他种植了 30 万棵树木，特别是日本独有的木兰花。他还在大阪设计了樱花大道，在东京设计了“海之森”计划，将东京湾的垃圾填埋场改造成一个生态公园。

他还建立了一个“濑户内橄榄基金”，因为得知很多工业废料被倾倒在香川县的丰岛上，他想通过这样的组织，在濑户内海的各类小岛上种上 100 万棵树，以恢复美丽的海岸线和生态环境。

种树和设计建筑不是两件不同的事吗？

但安藤回答说：“它们都是在创造一种环境。”在他心中，如果一个地方能够让人们感觉到是在快乐地活着，那个地方就可以被称之为建筑。

而且，这两者都不能在短时间内实现，都需要人们付出热情，并克服困难，将热情转化成实际。

安藤的建筑，始终在意与自然的连接。

“我们现在生存的环境里，父母和孩子在互相折磨，社区在崩溃瓦解，整个国家也没有发展。这些问题都和周围美丽环境的消失有关系。美丽的风景植根于人们的心中，继而支撑他们的生活，还会给人们带去直面难题的动力。但现在，很多人的成长过程中，内心已经不存在美丽景色的影子了。”安藤说。所以，他在设计的建筑中，都在试着创造一种空间，“让树木构成风景。每个居民的意志也构成风景的一部分。”

安藤是从 20 世纪 60 年代走过来的，当年，学生和市民运动风涌的时候，他虽然在旅行，在旁观，却

把那种精神深刻地印在了自己的心里。

他很在乎通过种树培育市民的公共精神。

“1969 年，我在大阪建立工作室时，就想在 30 米高的建筑顶层营造一个花园。我当时还向大阪市政府做出建议，要把大阪站前的建筑顶层都覆盖上植被，但市政府没有一个人听取我的建议。我没有放弃这个想法。20 年后，我想在大阪中之岛的地下建造一个花园。当然，还是没人对我的想法感兴趣。”安藤回忆说，政府不支持，他就自己来号召民众。

“我们要亲手创造自己居住的城市。”他说，“一个有秩序和有魅力的城市必须要由公众来参与建设，要体现民众的愿望。”

安藤喜欢带着中小学生从种子开始育苗、栽种，这个培育的过程本身对孩子很重要。因为幼苗代表着对人内心力量的信任，和面对未来的勇气。

“生了一个孩子，如果不去培养他，觉得他会自己成长，那他就会发生问题，所有的生命都是如此，好结果不会立即产生。”

在东京湾“海之森公园”计划中，一半的钱花在了购买幼苗上，另一半则用于培育。再往后，它们还需要 30 年才能长成参天大树。

这是一个考验耐心的工程，也需要庞大的经费。除了发动公众募捐，他长期合作的客户和各界名人，也纷纷解囊相助。这个计划仍在进行当中。

安藤忠雄在设计大阪狭山池博物馆时，在湖岸堤坝上设计了一条樱花大道，吸引了很多游客前来参观。

2004 年，他又发动市民募捐并一同在大阪种樱花。他先是邀请大阪的一些官员去种树，但得到回复说那个季节很忙。他就打电话给当时的首相小泉纯一郎，后者很支持他。“最后，我们总共种了 3000 棵树，募集到 5 亿 4 千万日元，大阪人再吝啬也会参加募捐的，因为自己的姓名会被列在上面，只要考虑到这些人的想法，就能邀请到他们一起来做些有趣的事。”安藤说，“这些参加者每年都去赏樱，心想着：我的樱花长得不错，岂不是一件乐事？”

安藤忠雄在大阪梅田的一处购物中心的广场内，设计了一座由各种花草植被组成的绿化墙，并给它取名为“希望之壁”。因为上面种植了不同花期的花草，每个季节都能在墙上看到绿色。

“建筑本来就是一种要以社会为对手、包括人情世故等内容的工作。”安藤说。

優しさと強さ

温柔与强大／2006年冬天，博诺说想看看光之教堂，于是和朋友一起从爱尔兰赶到日本。那个时候，说实话我只是听过博诺的名字，并不熟悉他本人。他进入光之教堂后，静静地落座后询问道："可以祈祷吗？可以唱首歌吗？"结束后，他走到讲台前，唱了一首《神圣恩典》。在光之教堂里，博诺的歌声回荡着，周围人的眼眶中饱含泪水，我也不例外，非常地感动。简直是一首直抵心灵深处的歌。对于在场的听到歌声的人来说，这也是一生难忘的场景吧。

在那之后，我和他保持了交流。虽然工作很忙，但是只要约定参加一些环保活动，他一定会来。也不知道他是从哪里听说的，我动手术的时候，他还寄来了问候书信。他真是一位兼具温柔和强大的人物，值得我们尊敬，也是我很好的朋友。

博诺和安藤忠雄比画拳击的动作。他将自家房子的设计也委托给了安藤。

＜左页图＞凌晨两点，在Lens办公室，编辑这本书的最后一夜，主编法满点燃了一支烟，墙上贴着安藤和博诺的合影。

2004 年，安藤忠雄为音乐家小泽征尔设计了大分县歌剧院上演的歌剧《伍采克》的舞台。安藤忠雄大胆地用塑料瓶将舞台围拢起来，他认为，在舞台灯光的照射下，这些塑料瓶会有非常好看的视觉效果。

2009 年夏天，安藤忠雄和小泽征尔在歌剧院查看场地。

2011 年日本大地震后，小泽征尔还加入了安藤自阪神地震后发起的“孤儿基金”，引领民众一起募捐，在共同致力于“培育”的事业中，重建社区中联系的纽带。

已经去世的蜷川幸雄是日本著名的剧场导演，曾发掘了很多人才，包括将一些偶像明星培育成实力派演员。他和安藤忠雄在2010年一同获得了日本文化勋章。他们之间做过一场对话，安藤当时说，想给蜷川做一个能够自由使用的剧场。可惜不能实现了。以下是这两位“培育者”对话的编选。

×

安藤：听说蜷川老师从来不看别人导的戏，但我和你不太一样，我非常关注别人设计的作品，也很在乎自己在别人眼中是什么样子的。看到年轻人都做得非常好，自己也觉得该到退休的年纪了。

蜷川：是，看到你的《连战连败》里面，对别人的建筑项目不吝溢美之词啊。

安藤：因为我是抱着自信参加招标，结果最后失败，自己也觉得很震惊。其实我很不愿意去看中标项目的设计，但还是抱着好奇的心态去看了一下，果然很有趣，让我非常钦佩。那时作为竞争者，真的觉得自己很失败。

我总是想看看别人都是怎么做的，看过之后脑子里会想，别人身上有什么地方可以值得我去学习呢。从另一方面来讲，我可能缺少那种人应该有的细腻吧。

蜷川：嗯，其实你还是一个内心很强大的人。我在看完演出后，都不会去接待处。因为我知道，即便是看了一些无聊的戏剧，自己也是要当着人家的面说：“戏真不错。”所以我的戏上演时，我都会多说一句：“看戏就别说什么感想了，大家自由地看就好。”

安藤：我俩性格上还是有很大不同的（笑）。

现在的学生好像都不在乎胜负了。可能对他们来讲，去挑战和解决一个难题是一件非常不酷的事情。在我们那个时代，如果你不在乎这些东西，你就活不下来。在我看来，学校是一个很有意思的地方，与其说是在里面教书，不如说是在里面被教育，因为年轻人还是有很多想法的。

在有60个学生的建筑设计专业里，有10个有趣的人就不错了。虽然有趣，人也很努力，但在工作上没有深思熟虑的能力。我觉得，如果你工作上不去仔细思考的话，就会被对手打趴下。所以需要冷静的判断，要非常冷静，必须要朝上走，但是现在的年轻人到了最后就没动静了，会躲起来，自己去舒服了。

我跟他们讲：“要在自己设计的建筑当中，融入内心燃烧的激情。”他们给我的回馈是：“有这样的建筑吗？”我60年代刚刚开始的时候，做了那么多项目，就是想让它们给这个世界带来一点影响。但是现在，这一类的建筑少了。

现在的建筑，不是体量大小的问题，而是里面是否有人性的力量、有冒险的力量。我觉得现在的建筑是没有的。这同样也可能是现在的日本缺少活力的原因。

蜷川：戏剧也是一样，人和人相互碰撞、交流才会产生戏剧，其中没有任何距离感。这样，戏剧里才有了莎士比亚这样的天才，只有这样，戏剧才能一步步地接近人性的真实。

安藤：我觉得能够直面现实的人最强大，在我的事务所里，我经常会和手下的职员比稿。通常情况下都是我赢。另外，我经常到工地去，和业主见面，这样一来，我有了经验，另外我也有了将图纸变成现实的那种职业冲动，但是手下的人不行，他们在纸上工作，所以很少能够燃起工作的激情。

蜷川：安藤先生平时会生气吗？

安藤：会。

蜷川：那生气的时候你会做什么？

安藤：散步。一直走，走一个小时，心情会平复一下。

蜷川：会骂人吗？

安藤：会，我的事务所从一层到五层都是敞开的空间，我就坐在一楼离入口最近的地方。只要大喊一声，事务所所有人都能听到。以前我还从四层把椅子扔下去过。为什么会脾气这么暴躁？可能是因为小时候没有惹过自己爸爸生气的体验，所以会变成这样吧。蜷川老师平时经常和人打交道，像我们做建筑的，和人交往的时候，中间还隔着一个建筑，所以还好一些。

蜷川：在国外，每个人都不想承认自己有问题，所以大家都会相互竞争。从国外回到日本，遇到什么事都有一种温吞水的感觉。

安藤：我觉得基本上都是温吞水的情况，日本人做事情总是不爽快。我们出的设计案，对方一般都会避免直接说“很好很好”，但是美国不是这样。我有时候就想，在日本这个国家好的一面背后，有时候也没有了那种战斗精神。同样的工作，从国外回到日本，就会有一种活着真有趣的感觉，而去国外之前，身体总是精疲力尽。

日本人讨论着讨论着就没有下文了，但是欧美人会把事情的每一步都商量得非常清楚。以前看到蜷川老师的作品在海外公演，也很嫉妒，也想在海外有自己的项目，但是当时就想：到了国外就不能再这样大发脾气、乱施暴力啦（笑）。

现在这个时代，人心之间的联系越来越重要。人如果不会感动，就很难过上幸福的人生。我们首先要设计的，应该是能够感动人心的建筑。我也想给蜷川老师这样的人建造一个能够自由使用的剧场。反复思考如何给人们带来感动的这个过程，也会渐渐成为自己活下去和思考下去的动力。

这个社会，大家都慢慢觉得用钱可以买到很棒的东西，所以大家一味地追逐金钱利益，但是如果现在还认识不到这种做法的错误的话，已经进入数字时代的我们会渐渐陷入困境。

自 1979 年在布达佩斯举办建筑展以来，安藤忠雄已经举办了数十场展览。
Lens 汇总了主要展览的海报

1979 丰 10 月 -11 月 匈牙利 布达佩斯

安藤忠雄建筑展

1982 年 5 月 西班牙 马德里

安藤忠雄的作品

1982 年 9 月 -11 月 法国 巴黎

安藤忠雄：极简主义

1983 年 6 月 -7 月 日本 东京

安藤忠雄建筑展

1983 年 3 月 -4 月 芬兰 赫尔辛基

安藤忠雄建筑展

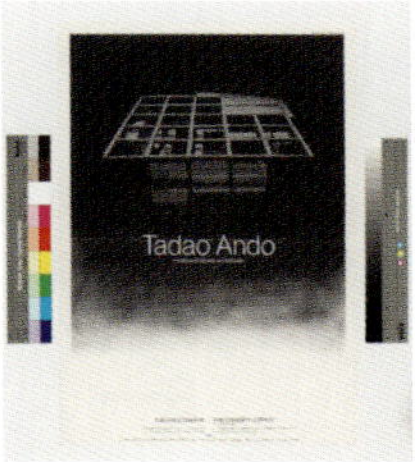

1984 年 3 月 日本 冲绳

安藤忠雄：创造中的演绎

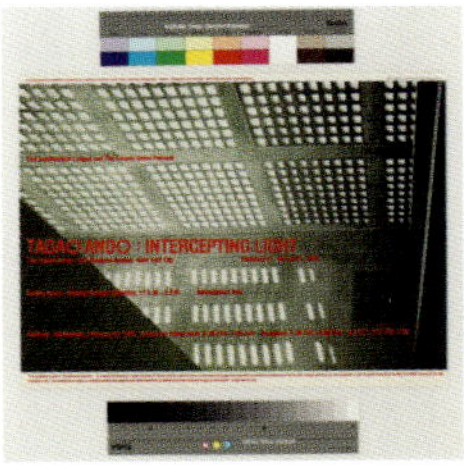

1985 年 2 月 -3 月 美国 纽约

安藤忠雄：留驻光芒

1985 年 3 月 保加利亚 索菲亚

安藤忠雄展

1986 年 10 月 -11 月 英国 伦敦

安藤忠雄：与几何同呼吸

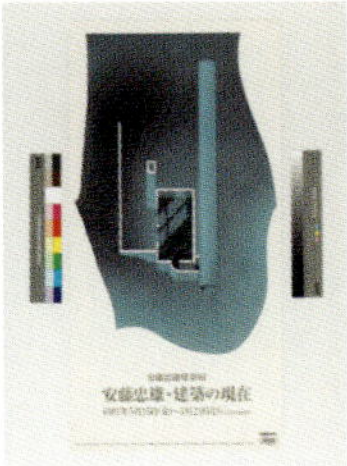

1987 年 5 月 日本 大阪

安藤忠雄：建筑现在时

1987 年 9 月 -10 月 日本 东京

安藤忠雄展

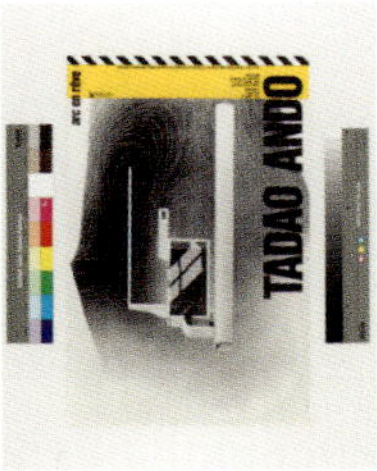

1988 年 1 月 -5 月 法国 波尔多

安藤忠雄：光线的弧度

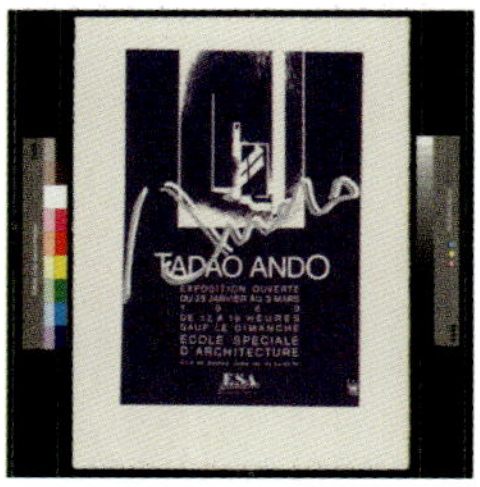

1989 年 1 月 -3 月 法国 巴黎

安藤忠雄展

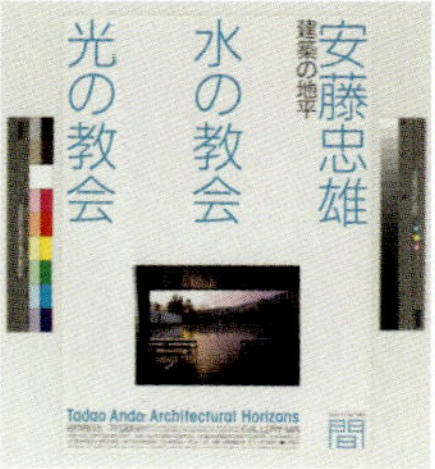

1989 年 6 月 -7 月 日本 东京

安藤忠雄：建筑的地平线

1989 年 9 月 日本 大阪

安藤忠雄建筑展：中之岛 2001

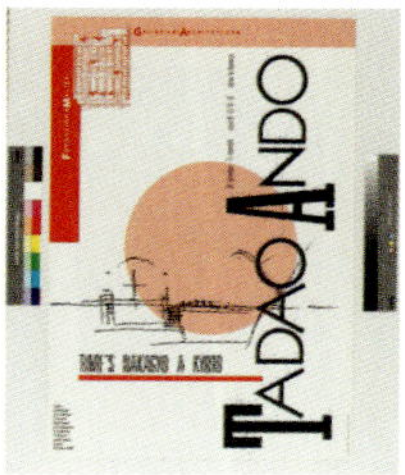

1989 年 9 月 -11 月 意大利 威尼斯

安藤忠雄展

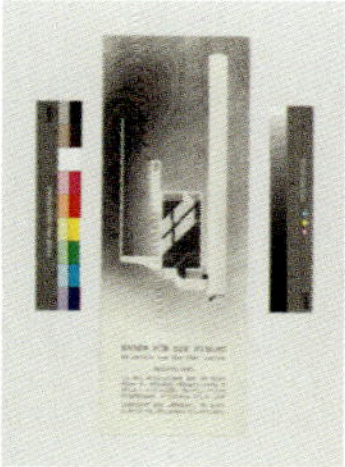

1989 年 9 月 -11 月 意大利 威尼斯

安藤忠雄展

1990 年 3 月 -4 月 奥地利 维也纳

安藤忠雄：80 年代的教堂建筑

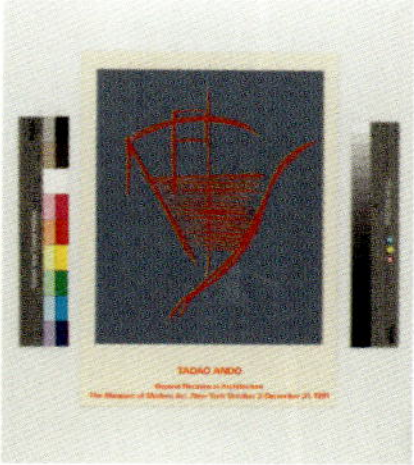

1990 年 11 月 -12 月 日本 东京

安藤忠雄展

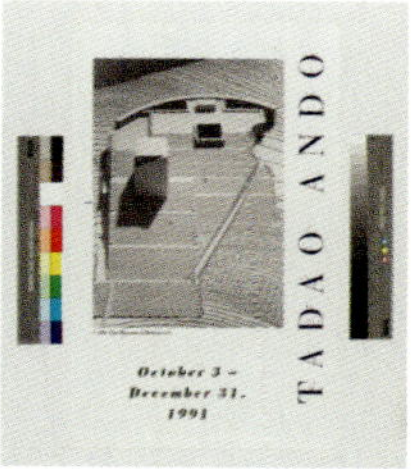

1991 年 10 月 -12 月 美国 纽约

安藤忠雄展：

超越建筑的地平线

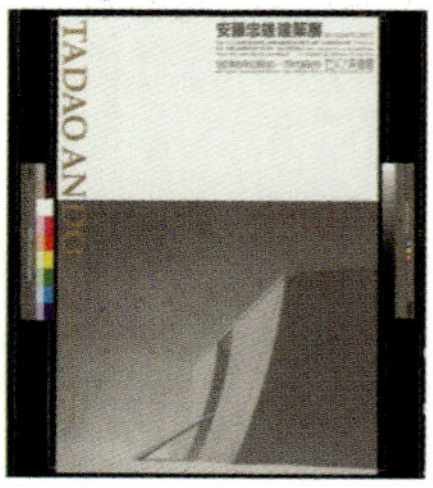

1992 年 6 月 -7 月 日本 东京

安藤建筑展：

向着新的地平线

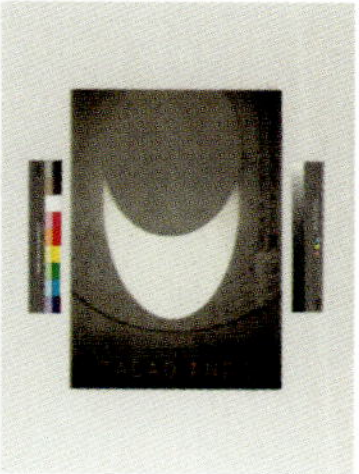

1993 年 3 月 -5 月 法国 巴黎

安藤建筑展

1993 年 6 月 -7 月 英国 伦敦

安藤忠雄展

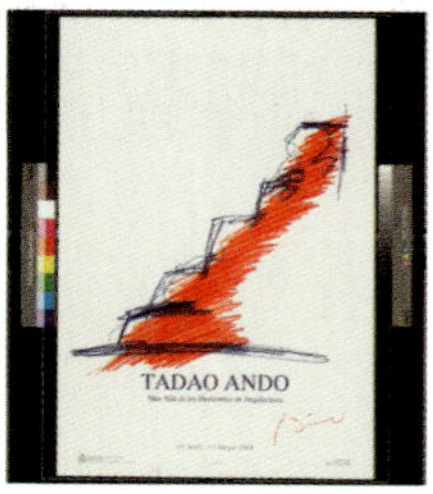

1994 年 4 月 -5 月 西班牙 马德里

超越建筑的视野

1994 年 6 月 -7 月 西班牙 巴塞罗那

超越建筑的视野

1994 年 12 月 -1995 年 2 月 意大利 威尼斯

安藤忠雄建筑作品展

1995 年 10 月 日本 大阪

安藤忠雄建筑展：

面向明天——震后复兴与大阪湾

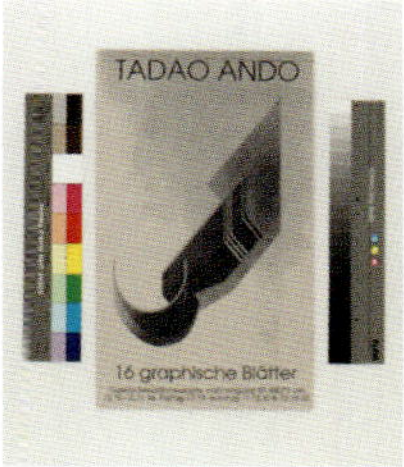

1996 年 10 月 -11 月 德国 乌尔姆

安藤忠雄的十六张图纸

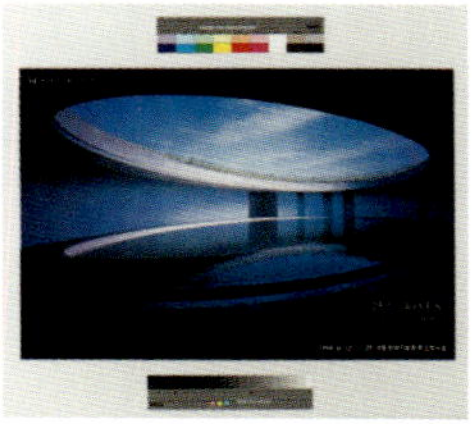

1998 年 6 月 -7 月 韩国

安藤忠雄展：

建筑中的创新历程

1998 年 10 月 -11 月 英国 伦敦

安藤忠雄展：

超越极简主义

2001 年 10 月 -12 月 美国 圣路易斯

安藤忠雄建筑展

2003 年 4 月 -5 月 日本 东京

安藤忠雄建筑展：

再生——环境与建筑

2004 年 11 月 -2005 年 1 月 英国 伦敦

安藤忠雄展：

斜坡上的建筑——寻找建筑的新可能

2017 年 9 月 -12 月 日本 东京

安藤忠雄展：挑战

在安藤忠雄建筑研究所附属楼 2 层，是安藤忠雄接受采访的会客室。书架占据了两面墙，除了爱犬柯布的照片以及安藤自己设计的家具模型及装饰品外，整齐地摆满了和他有关的所有出版物。其中有收录他建筑设计图样的图册，也有媒体报道的刊物、书籍等。

而在安藤办公桌旁的书架上，则摆放着他读的书，类别庞杂，但大致以建筑、美学、摄影、音乐、旅行、文学等为主，比如三宅一生回顾展结集的《阴翳》、李禹焕《留白的艺术》、武满彻的文集、土门拳的传记、司马辽太郎的对话集，等等。

自 1982 年开始出版的安藤忠雄书籍画刊

《安藤忠雄：现代建筑家》

鹿岛出版会 -1982 年

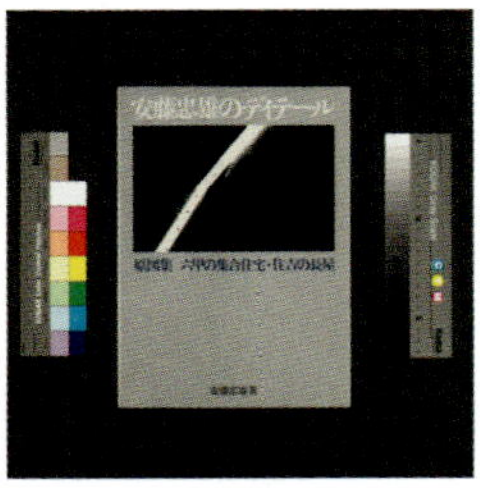

《六甲集合住宅 · 住吉的长屋：安藤忠雄原图集》

彰国社 -1983 年

《挑衅的箱体：安藤忠雄》

丸善 -1986 年

《GA 建筑 8：安藤忠雄》

ADA -1987 年

《莱卡总部建筑过程》

株式会社莱卡 -1989 年

《旅行——印度 · 土耳其 · 冲绳》

居住图书馆出版局（居住学大系 20）

1989 年

《安藤忠雄 1981-1989》

SD 编辑部编 - 鹿岛出版会 -1990 年

《安藤忠雄详图集》

二川幸夫编 -1991 年

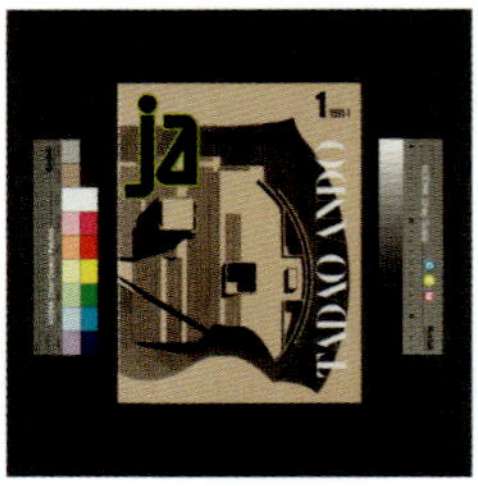

《日本建筑：安藤忠雄》

1991 年 - 第 1 期

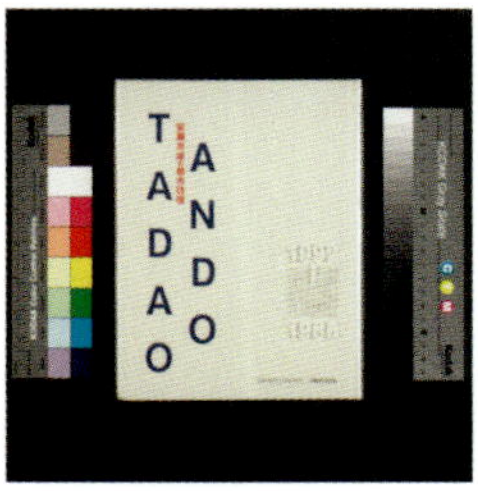

《安藤忠雄：都市彷徨》

Magazine House -1992 年

《安藤忠雄：超越建筑地平线》

TA -1992 年

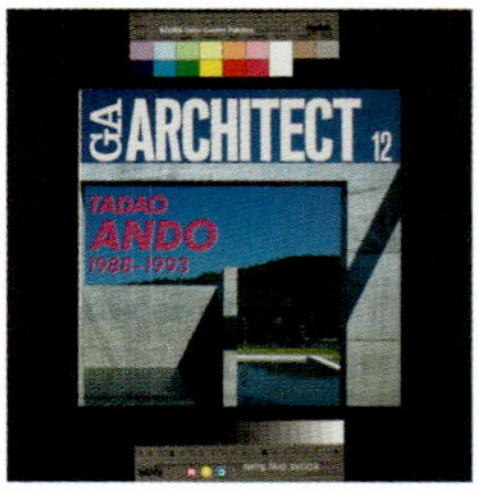

《GA 建筑 12 ：安藤忠雄 Vol.2》

ADA -1993 年

《日本建筑图书馆：六甲集合住宅 I、II、III》

1991 年 - 第 1 期

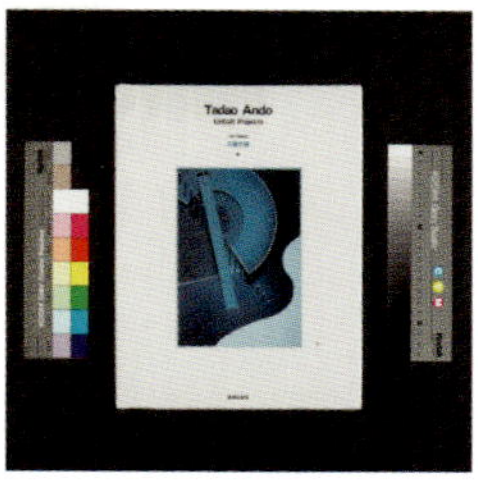

《安藤忠雄：未建成的建筑(1975–1991)》

鹿岛出版会 -1993 年

《安藤忠雄：GA》

二川幸夫 编

ADA -1994 年

《墙壁的探究——安藤忠雄论》

古山正雄著 - 鹿岛出版会 -1994 年

《GA 档案别册：安藤忠雄》

ADA -1995 年

《安藤忠雄的梦想——震后重建和大阪湾区计划》

朝日新闻社 -1995 年

《直岛现代美术馆》

三宅理一共著 - 鹿岛出版会 -1996 年

《建筑家安藤忠雄的想象力和工作》

松叶一清著 - 讲谈社 -1996 年

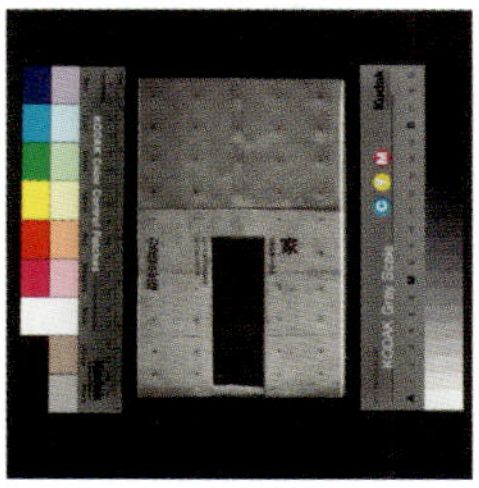

《家》

居住图书馆出版局（居住学大系 76）

1996 年

《安藤忠雄详图集 2》

二川幸夫编 -1996 年

《安藤忠雄谈建筑》

东京大学出版会 -1999 年

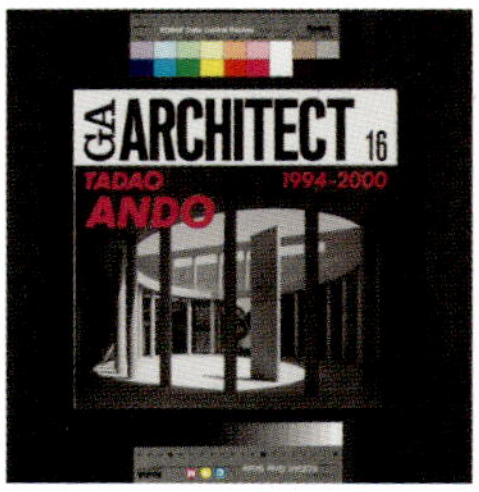

《GA 建筑 16 安藤忠雄 1994–2000 Vol.3》

ADA -2000 年

《安藤忠雄 · 淡路梦舞台》

JA -2000 年

《安藤忠雄的美术馆和博物馆》

美术出版社 -2001 年

《连战连败》

东京大学出版会 -2001 年

《a+u / 建筑与城市化》

A+U -2002 年

《在建筑中做梦》

NHK -2002 年

《安藤忠雄详图集 3》

二川幸夫编 -2003 年

《安藤忠雄：再生一环境与建筑》

DELPHI -2003 年

《勒 · 柯布西耶具有勇气的住宅》

新潮社 -2004 年

《安藤忠雄：建筑手法》

二川幸夫策划 · 编辑 · 访谈 -2005 年

《安藤忠雄：极简主义》

ELECTA -1982 年

《安藤忠雄》

MEAC -1982 年

《安藤忠雄：他的建筑、项目、写作》

RIZZOLI -1984 年

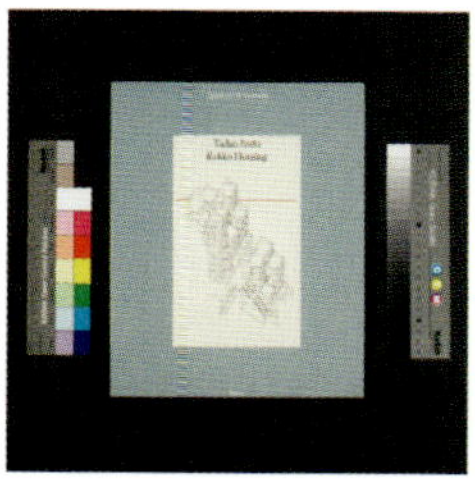

《安藤忠雄：六甲集合住宅》

ELECTA -1986 年

《安藤忠雄 by 安藤忠雄》

ART EN REVE -1988 年

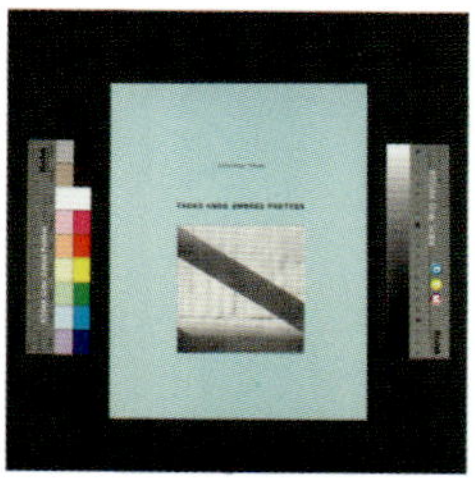

《安藤忠雄的建筑投影》

SUD -1988 年

《安藤忠雄：耶鲁工作室和目前的工作》

RIZZOLI -1989 年

《建筑图纸之安藤忠雄》

ST MARTIN' S -1990 年

《安藤忠雄建筑速写》

BIRKHAUSER -1990 年

《安藤忠雄建筑草图》

ELCROQUIS -1990 年

《安藤忠雄的小篠邸》

MARDAGA -1990 年

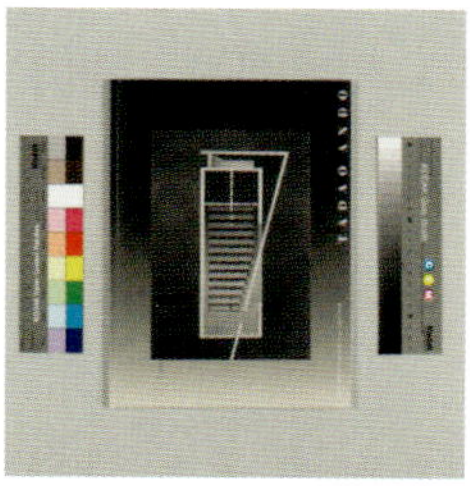

《安藤忠雄》

MoMA -1991 年

《安藤忠雄：沉静的线条》

RIZZOLI -1991 年

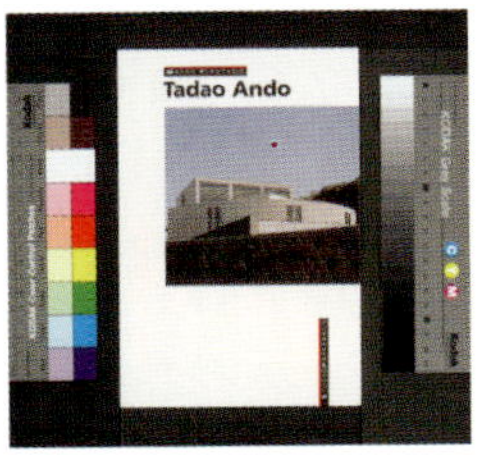

《安藤忠雄》

STUDIO PAPERBACK -1993 年

《安藤忠雄建筑草图》

ELCROQUIS -1993 年

《安藤忠雄展览图录》

POMPIDOU -1993 年

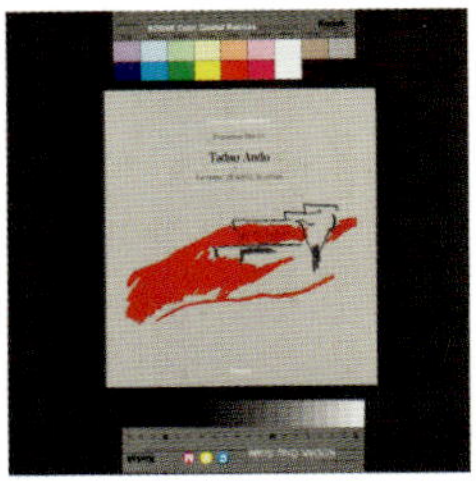

《安藤忠雄：作品、图纸、评论》

ELECTA -1994 年

《安藤忠雄》

PHAIDON -1995 年

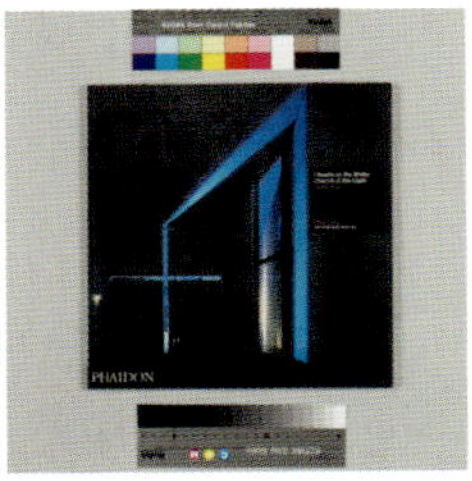

《水之教堂 · 光之教堂》

PHAIDON -1996 年

《安藤忠雄：光线的颜色》

PHAIDON -1996 年

《安藤忠雄》

TASCHEN -1997 年

《安藤忠雄》

C3 -1998 年

《安藤忠雄：建筑与精神》

GG -1998 年

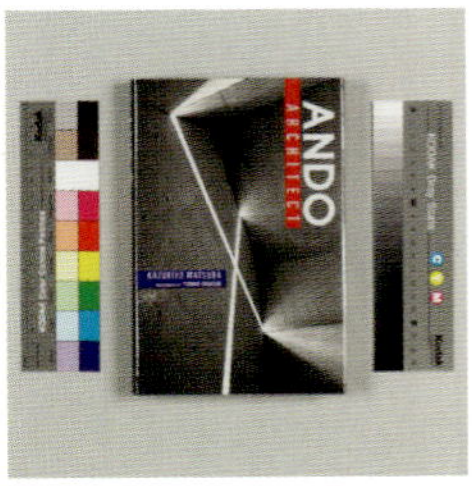

《安藤忠雄的建筑》

讲谈社 -1998 年

《安藤忠雄：超越极简主义》

RA -1998 年

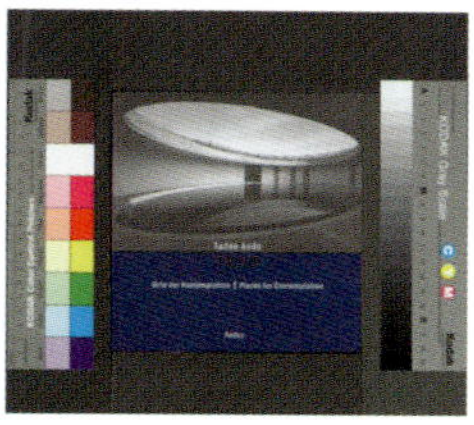

《安藤忠雄：适合沉思的空间》

AEDES -1999 年

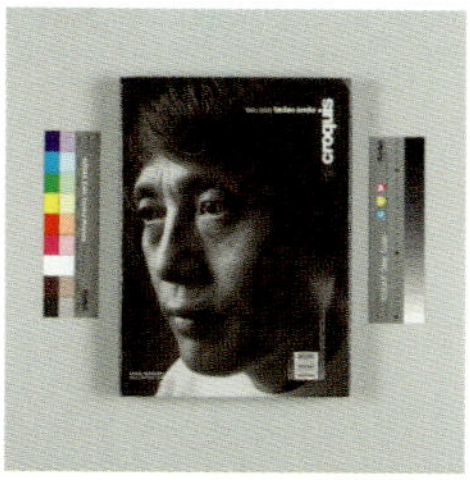

《安藤忠雄建筑草图》

ELCROQUIS -2000 年

《安藤忠雄：静谧的建筑》

BIRKHAUSER -2001 年

《安藤忠雄》

TeNEUES -2003 年

《安藤忠雄：光与水》

MONACELLI -2003 年

《安藤忠雄建筑全集》

TASCHEN -2004 年

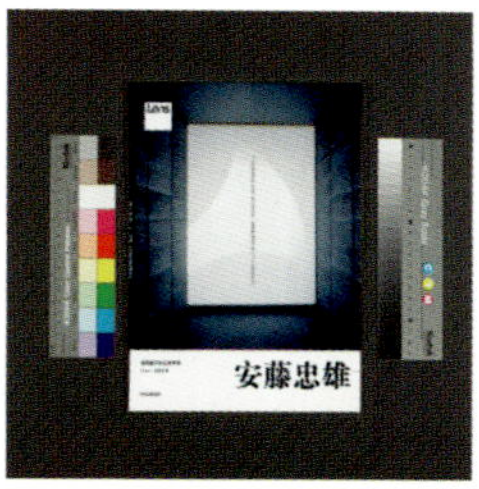

《安藤忠雄：建造属于自己的世界》

Lens -2017 年

Photo: Nobuyoshi Araki

思考の軌跡

思考的轨迹／现在，随着信息技术飞跃式的发展，人们的选择也在增多。在被称作“技术复制时代”的今天，我强烈相信“照片”这种表现形式会是一种能在世界范围内拓宽自己建筑作品影响力的手段。虽然在信息量上不如数字影像，但是照片能够保留下建筑的一瞬间，酝酿出一种紧张感和张力。被拍摄对象有一种即将风化而又静止的永恒感觉，也让人有一种恐惧之感。

我在拍摄自己的建筑作品时，很多情况下都会拍一些建筑的局部，如同保留一块它的残片一样。因为不会去说明它的外形、空间等内容，从信息量上等同于零。但是在照片中镌刻着的光影造型，就是我脑中的建筑形象。这样来看，我的照片就是我脑中思考轨迹的体现。

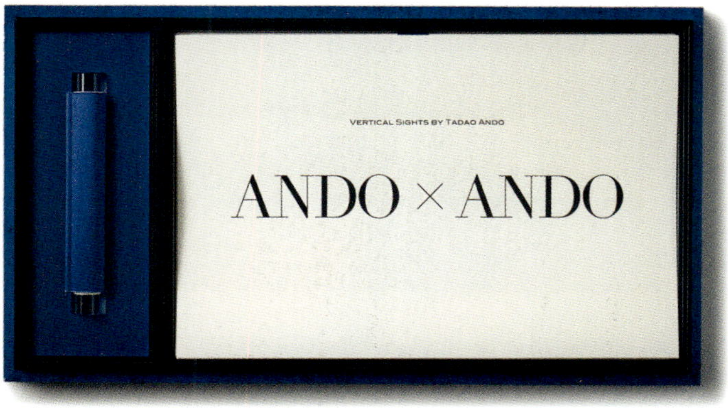

安藤忠雄历年主要建筑

1969 - 72

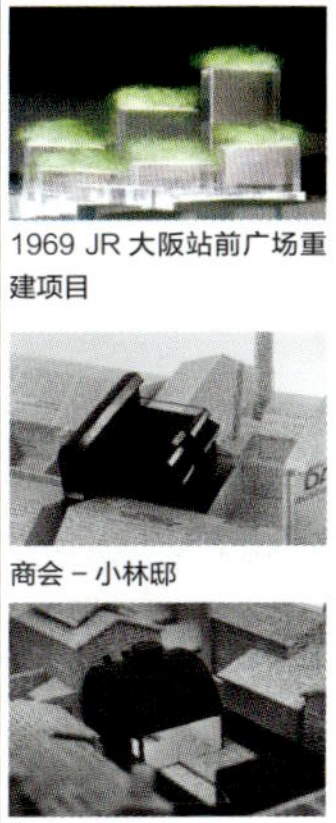

1969 JR 大阪站前广场重建项目

商会 - 小林邸

游击队加藤邸

1973

富岛邸

高桥邸

1974

平冈邸

立见邸

芝田邸

内田邸

1975

双生观 - 山口邸

松村邸

双壁宅邸（TWIN WALL）

四轩长屋

1976

住吉的长屋

平林邸

番匠邸

帝塚山塔楼广场

冈本集合住宅

1977

玫瑰花园

帝塚山之家 - 真锅邸

领壁之家 - 松本邸

北野小道

艺术展廊综合设施

1978

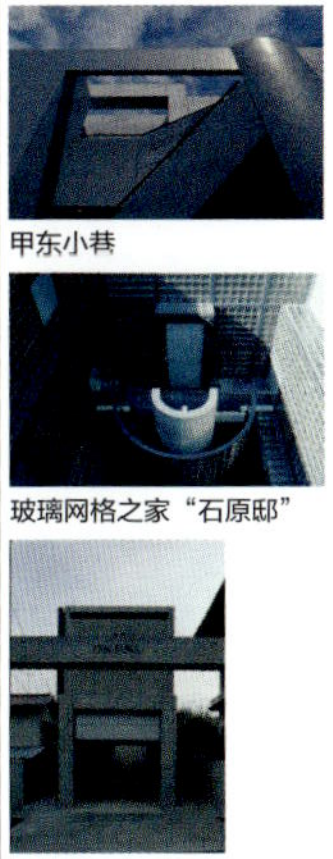

甲东小巷

玻璃网格之家“石原邸”

大楠邸

1979

玻璃方格墙之家 - 堀内邸

片山大楼

大西邸

松谷邸

上田邸

1980

STEP

松本邸

北野常青藤公寓

福邸

中之岛项目 I（大阪市政府）

1981

RIN 之艺廊

小篠邸

儿岛共同住宅 - 佐藤邸

番匠邸增建

时尚现场剧院

1982

太阳之家（SUN PLACE）
石井邸
双生观的茶室 – 山口邸增建
赤羽邸
九条的町屋 – 井筒邸
玩偶之家

1983

六甲集合住宅 I
BIGI 工作室 1
BIGI 工作室 2
茂木邸
金子邸

1984

冲绳 FESTIVAL
植条邸
太田邸
MELROSE
岩佐邸
南林邸
TIME'S I
畑邸

1985

JUN 港岛大楼
稻叶贺穗工作室
中山邸
MON-PETIT-CHOU
青叶台工作室
吉本邸
服部邸客房
大淀的茶室（板材）
涩谷计划

1986

福原医院
城户崎邸
RIRAN'S 之门
冲边邸
孙邸
佐佐木邸
太阳水泥总部大楼
TS 大楼
六甲的教堂
新 / 旧六甲客房
细工谷家 – 野口邸
涩谷神社综合开发计划
BIGI 3 号
大淀的茶室（砖块）

1987

田中山庄
下町唐座
天王寺公园植物温室
水之剧场
六甲山宴会厅
伊豆项目
I 项目

1988

I 宅邸
水之教堂
akka 画廊
小仓邸
B-LOCK 神乐冈
吉冈邸
I 艺廊
中之岛计划 II（都市地下空间）
大淀的茶室（帐篷）

1989

COLLEZIONE
MOROZOFF P&P 工作室
莱卡总部大楼
光之教堂
兵库县立儿童博物馆
夏川纪念会馆
城尾邸
矢尾诊所

1990

B-LOCK 北山
伊东邸
国际花与绿博览会“名画之庭”
S 大楼
斯德哥尔摩现代美术馆 ·
建筑美术馆国际竞标方案

1991

姬路文学馆

石河邸

佐用邸

洛克希德静冈工厂

美能达研修中心

大淀工作室 II

真言宗本福寺水御堂

JR 京都站改造设计方案

1992

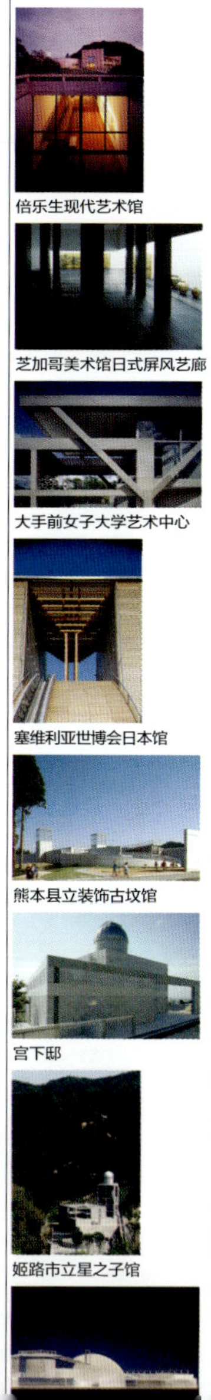

倍乐生现代艺术馆

芝加哥美术馆日式屏风艺廊

大手前女子大学艺术中心

塞维利亚世博会日本馆

熊本县立装饰古坟馆

宫下邸

姬路市立星之子馆

1993

六甲集合住宅 II

维特拉研修中心

六甲岛屿项目

兵库县立大学护理学部

YKK 津田沼寮

垂水的教堂

李邸

1994

三得利博物馆 + 广场

大阪府立近飞鸟博物馆

京都府立陶板名画之庭

MAXRAY 总部大楼

鹿儿岛大学稻盛会馆

兵库县木之殿堂

高梁市成羽美术馆

日本桥之家—金森邸

1995

大山崎山庄美术馆

市立五条文化博物馆

播磨高原东小学、中学

倍乐生之家别馆

绫部工业园区交流广场

河北市立金津小学

大淀工作室附属建筑

联合国教科文组织冥想之庭

泰特现代美术馆国际竞标方案

海之集合住宅

丘之集合住宅

大谷地下剧场计划

1996

姬路文学馆 南馆

白井邸

平野区町屋－能见邸

萌芽艺廊（泽田邸）

罗马司教区教堂国际设计竞标方案

卡尔 · 拉格菲尔德工作室

曼哈顿顶层公寓

1997

芝加哥的住宅

越知町立横仓山自然之森博物馆

TOTO 研修中心

八木邸

青木集合住宅

小海高原美术馆

莱茵世界文化博物馆

1998

大黑电器总部大楼

渡边淳一纪念馆

ELLEAIR 松山宾馆

尼泊尔布特瓦尔妇幼医院

织田广喜纪念馆

塞纳河桥梁国际设计竞标方案

1999

六甲集合住宅 III

淡路梦舞台

光之教堂 · 周日学校

西宫市贝类馆

南寺

索菲亚王后国家艺术中心设计竞标方案

尼尔森 · 阿特金森美术馆国际设计竞标方案

2000

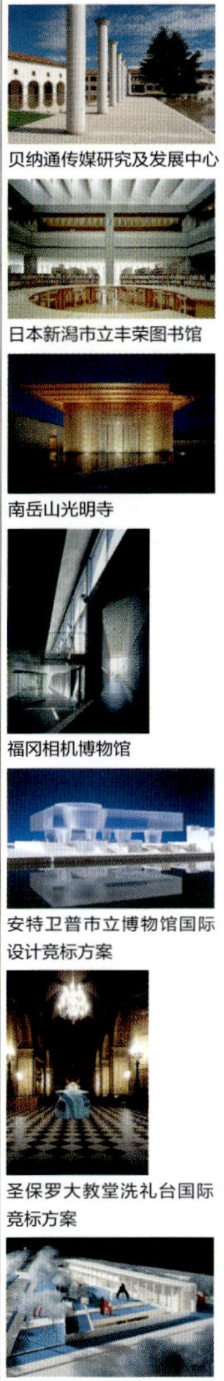

贝纳通传媒研究及发展中心
日本新潟市立丰荣图书馆
南岳山光明寺
福冈相机博物馆
安特卫普市立博物馆国际设计竞标方案
圣保罗大教堂洗礼台国际竞标方案
卡尔德美术馆

2001

大阪府立狭山池博物馆
普利策艺术基金会美术馆
兵库县立美术馆 + 神户市临水广场
四国村艺廊
司马辽太郎纪念馆
青森国际艺术中心
阿玛尼展示场
皮诺现代美术馆
9 · 11 遗址纪念馆竞标方案

2002

东京国际儿童图书馆
西田几多郎纪念哲学馆
沃斯堡现代美术馆
朝日啤酒神奈川工厂参观中心
曼彻斯特市皮卡迪利公园
奥迪日本总部大楼
滩浜花园
加贺市立锦城中学
COCUE 总部大楼

尾道市立美术馆

2003

沙漠之家 · 骑马设施
野间自由幼儿园
4×4 住宅
马利布住宅

2004

兰根基金会美术馆
群马县立昆虫观察馆
看不见的家
地中美术馆
仙川 · 安藤大道
绘本美术馆
加子母村社区中心
冰雪时代隧道 / 雪花
松本斋藤纪念音乐节歌剧《伍采克》舞台装置设计

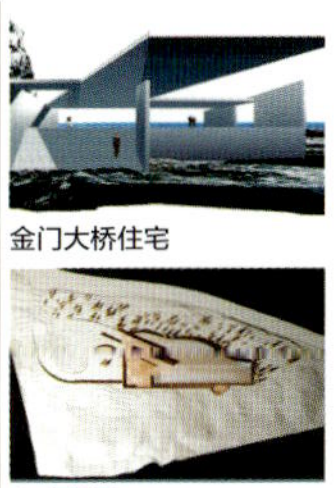

金门大桥住宅
森之教堂

2005

洛克希德神户总部、工厂
高榥的住宅
HHSTYLE 设计商店店铺
游廊式住宅

2006

表参道之丘
坂上之云博物馆
滋贺的住宅
倍乐生公园
游庵
小篠邸客房（KH 画廊）
樱花广场
格拉西宫改造工程
阿布扎比海洋博物馆

达明安 · 赫斯特工作室

2007

曹洞宗太岳院

21_21 设计视界

巴林考古学博物馆

东京大学建筑资料馆

波茨南美术馆

海之森

2008

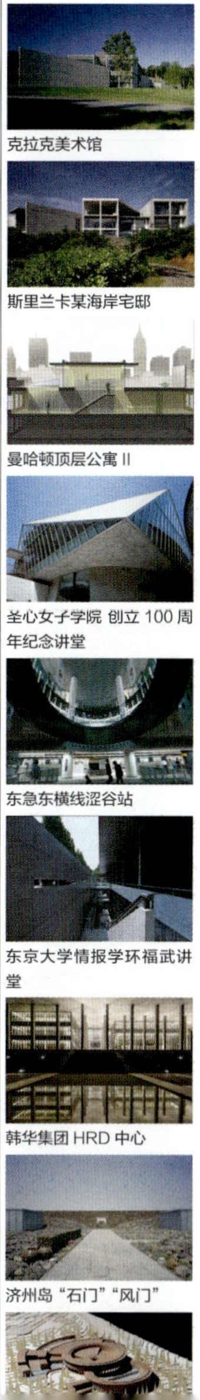

克拉克美术馆

斯里兰卡某海岸宅邸

曼哈顿顶层公寓 II

圣心女子学院 创立 100 周年纪念讲堂

东急东横线涩谷站

东京大学情报学环福武讲堂

韩华集团 HRD 中心

济州岛“石门”“风门”

北京国子监酒店 + 美术馆

2009

六甲集合住宅 IV

横滨地区气象台

威尼斯海关大楼改造工程

IPU 环太平洋大学

俄（NIWAKA）总部大楼

蒙克美术馆国际设计招标方案

北欧的住宅

上海建筑文化中心

北京红楼梦酒店

半山半岛美术馆 + 剧场

2010

德国石刻博物馆

诺华研究中心

上海国际设计中心

龙王站 + 南北站前广场

茶屋町综合楼

韧公园住宅

李禹焕美术馆

ATEMA 森与水边教堂

名古屋的住宅

石原邸

光之美术馆

中国太湖博物馆

2011

拉古斯城堡美术馆

蒙特雷某住宅

东急大井町线上野毛车站

卡洛斯广场“安静”

韩屋中心

2012

SAN 博物馆

马利布的住宅 III

蒙特雷大学 RGS 中心

秋田县立美术馆

震旦美术馆

BONTE 博物馆

老木妇科诊所

高松的住宅

上方落语协会会馆

芒格洛尔的住宅

2013

亚洲大学亚洲现代美术馆

UMEKITA 广场

芦屋的住宅

佐渡邸

冈山信用金库内山下广场

JCC 创意中心 · 艺术中心

格拉西宫二期改造工程

2013

安藤忠雄美术馆

希望之壁

城市的大树

2014

克拉克美术馆克拉克中心

上海保利大剧场

侘屋

广尾的教堂

DUVETICA 米兰展示空间

2015

马利布的住宅 I

良渚村文化艺术中心

森之教堂

十和田市教育中心

三和田原站

真驹内泷野灵园头大佛

2016

宫古町立伊良原小学 · 中学

东京国际儿童图书馆拱形场馆

北菓楼札幌本馆

元麻布的住宅

2017

森林中的家 · 安野光雅馆

大阪工商信用金库新总部

进行中

森之灵园 · 水之纳骨堂

BOLOGNA ISA

启皓美术馆

元祖梦世界

赖特伍德艺廊

瓦尔斯的广场

曼哈顿顶层公寓 III

曼哈顿集合公寓

和美术馆

BIGI 青叶台

兵库县立美术馆增建计划

中之岛儿童文学馆计划

沃斯堡现代美术馆增建计划

新华红星国际广场

寿长生之乡 · 点心庵

卧龙山安养院增建计划

浅草的住宅

巴黎证券交易所美术馆改造

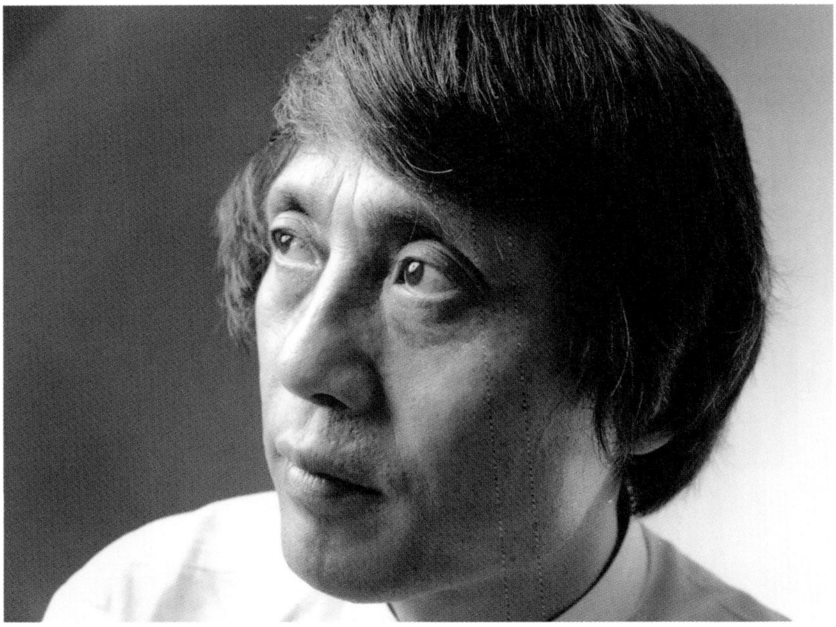

“在全力以赴奋力前行的过程中，我遇到了许多人，大家都说在我身上有一种危险的感觉，与我相处时也总是战战兢兢的。但是我想：如果一个人无法散发出危险的感觉，大家也不会想靠近吧，只要心中追寻理想，不断努力前进，自然就会吸引有趣的人，如果只是想着随便做到退休就好，一定不会顺利的。人生就这么一次，就如同莎士比亚说的，就这么一次而已。

“因此我建议年轻人一定要全力以赴，因为我曾经练过拳击，大家即使不知道这件事，但还是从我身上感觉到了某种强势，现在使用暴力是不好的，我已无处施展，但我依旧会在有生之年拼尽全力。”